OFFICE
PROPRE
DU MIRACLE

Opéré à la Proceſſion du Saint Sa-
crement dans la Paroiſſe de Sainte
Marguerite le 31 Mai 1725;

AVEC OCTAVE.

1761.

━━━━━━━━━━━━━━━━━━━━

AVIS DE L'ÉDITEUR.

ON pourra peut-être trouver extraordinaire que l'on donne au Public en 1761, ✻ un Office du Miracle de sainte Marguerite, qui auroit pu être donné dès 1751 ou 1752. Il semble que ces années & les suivantes auroient été les plus propres à le faire paroître, pour l'opposer aux scandales multipliés dans cette Paroisse, qui étoit alors le théâtre du schisme. Quelques personnes y penserent ; mais l'Auteur ne put se résoudre à y consentir. Il n'avoit fait cet Office que pour son édification particuliére, celle de la personne respectable & d'heureuse mémoire sur qui le miracle avoit été opéré, & d'un très petit nombre d'amis à qui il en avoit donné des copies. Il craignoit que cet Office imprimé en latin & en françois, comme on le projettoit, ne formât un volume capable de surcharger le public ; d'autant plus que n'étant pas naturellement poëte, & que n'ayant pu se faire aider dans la composition de quelques Hymnes par des maîtres de l'art, on auroit pu n'être pas satisfait de plusieurs endroits, où les pensées n'étoient pas exprimées d'un stile assez poëtique. Les choses en demeurérent donc là jusqu'à l'année derniére, que l'on vit paroître avec édification un Office des Saints de Port-Royal imprimé tout en françois. Cet événement réveilla l'attention de quelques personnes par rapport à celui-ci ; & elles crurent qu'en l'imprimant de même on pareroit l'inconvénient des Hymnes latines, & que le Volume étant par-là diminué

✻ Cet Office a été effectivement imprimé en 1761 : mais n'ayant pu l'être pour paroître dans l'Octave du saint Sacrement, on a cru devoir en différer la publication.

de près de moitié , il seroit reçu plus favorablement du Public.

Quant aux circonstances , tout le monde sçait
qu'elles sont encore à peu près les mêmes. Personne n'ignore la scandaleuse persévérance dans le
schisme, dont les Clergés de quelques paroisses
de Paris ont donné, & donnent encore de tems en
tems des exemples frappans , malgré les intentions
bien connues du Roi , & la vigilance des Magistrats Il est donc encore tems de proposer un
Office qui ne respire que l'unité dont J. C. lui-
même nous fait une si visible & si importante leçon
dans le miracle qui en est l'objet.

Un autre motif nous détermine encore à donner
cet Ouvrage. Nous sommes dans un tems déplorable, où il semble qu'on s'opiniâtre à méconnoître la puissance de Dieu , & à ne vouloir point
entendre parler de ses œuvres merveilleuses. Depuis quelques années on a eu connoissance de
plusieurs miracles opérés par J. C. dans la Ville
& le Diocèse de Paris, sans qu'on se soit mis en peine de les constater. En 1759 il en arriva un sur
la Paroisse de S. Roch tout semblable , dans un
autre genre de maladie , à celui qui avoit été
opéré en 1725 sur celle de Ste Marguerite. Les
preuves en ont été portées au dernier degré d'évidence, pour mettre (est-il dit dans la relation im-
primée) les Supérieurs Ecclésiastiques en état de
les constater , & de lui donner le caractère d'au-
tenticité. Quel effet une si pieuse démarche a-t-elle
produit ? Il s'en est opéré un autre en 1760 sur
la Paroisse de S. Sulpice , dont on a aussi donné
une relation , & fourni tous les certificats , mais
aussi inutilement. * On ne peut trop louer le zèle
des personnes qui pour ne pas laisser tomber dans
l'oubli les œuvres de Dieu , les transmettent à la
postérité par des relations imprimées, & qui sup-
pléent par-là , autant qu'il est en elles , à l'indo-

* Voyez les NN. Ecclef. des 21 & 28 Août 1761.

lence des premiers Pafteurs, & à leur négligence
à fe conformer aux difpofitions du Concile de
Trente. Mais il n'eft pas moins néceffaire de
fournir à la piété des fidéles de quoi rendre annuellement
au Tout-puiffant la louange & la
gloire qui lui font dûes. C'eft à quoi eft deftiné
cet Office.

Enfin un troifième motif qui engage à le publier,
& qui mérite attention, ce font les changemens
introduits depuis plufieurs années dans la
Paroiffe de fainte Marguerite par rapport à la folemnité
& à la proceffion du Miracle. Il faut confulter
là-deffus une note intéreffante qui eft à la
fin de la Préface, dont il eft naturel de conclure
combien il eft important qu'il y ait un monument
public, qui réclame en faveur de l'œuvre de Dieu
contre de telles entreprifes, & qui puiffe être entre
les mains de tout le monde.

L'Auteur s'étant attaché exactement à fuivre le
plan qu'il s'étoit formé, n'a rapporté de Madame
de la Foffe que ce qui devoit y entrer, & s'eft abftenu
de parler de plufieurs chofes intéreffantes
dont le public ne doit pas être privé. Nous avons
cru devoir y fuppléer ici.

Nous ne fçavons rien des premiéres années de
Madame de la Foffe, finon qu'elle étoit fille du
fieur Charlier, Coûtelier de la Paroiffe de faint
Merry; fur laquelle elle eft née, a été baptifée
& vraifemblablement inftruite. Il y a lieu de croire
qu'elle avoit reçu de bons principes, à en juger
par la conduite qu'elle a tenue conftamment depuis
qu'elle a été engagée dans les liens du mariage
& dans le commerce. Son exactitude aux devoirs
de fon état, & aux exercices de la Religion,
lui avoit concilié l'eftime de tout le monde, en
forte qu'on peut dire d'elle ce que l'Ecriture dit
de Judith : *Il n'y avoit perfonne qui dît la moindre
chofe à fon defavantage.* Cette eftime générale
étoit encore fondée fur les dons naturels que Dieu

lui avoit faits. Elle avoit de l'esprit, un excellent jugement, & une grande fermeté dans l'exécution des partis qu'elle prenoit par devoir ; ce qui la faisoit regarder comme une femme de bon conseil : & ceux qui dans leurs embarras l'ont quelquefois consultée, s'en sont toujours trouvé bien.

Elle avoit un grand soin de sa famille ; & sa principale attention a été d'instruire ses enfans, & de leur procurer la meilleure éducation qui lui fut possible. Il y en eut un qui d'abord n'y répondit pas. On fut obligé de l'envoyer dans les pays étrangers. Il passa plusieurs années en Portugal dans un tems où la Religion n'y étoit guères connue. La pieuse mere gémissoit continuellement sur lui, & Dieu écouta ses gémissemens. Ce jeune homme revint en France ; & plus docile aux sages avis de sa mere, elle eut la consolation de le voir embrasser la piété, goûter le bien ; & il est mort sous ses yeux dans les sentimens les plus chrétiens & les plus consolans. L'autre est entré dans une Congrégation célèbre, où elle ne le perdit pas de vue. Lorsqu'il fut question de lui faire recevoir les saints Ordres, elle se donna beaucoup de peine & de mouvemens pour obtenir des Supérieurs qu'on l'envoyât dans un Diocèse où il ne fut pas exposé à de fausses démarches ; & elle y réussit. *

Une conduite si chrétienne & si éclairée paroît extraordinaire dans une personne qui ne choisissoit pas ses Confesseurs parmi ceux qui étoient les plus distingués par leurs lumiéres. Mais il faut dire aussi qu'elle étoit du nombre de ces ames extraordinaires à qui tout est utile, parce que Dieu les conduit par lui-même dans la simplicité d'un cœur chrétien animé d'une foi vive, sincère & éclairée. C'est ce qu'on remarque plus particuliérement encore dans les deux

* Il fut ordonné à Auxerre par feu M. de Caylus d'heureuse & sainte mémoire.

longues maladies par lesquelles il l'a éprouvée ;
l'une de près de 20 ans, dont elle a été miraculeusement guérie ; l'autre d'environ 8 ans, qui
l'a conduite au tombeau après vingt-sept ans d'in-
tervalle. Dans la première elle avoit pour Confesseur un Prêtre de la Paroisse, Docteur de Sorbonne & Appellant, parce que l'appel étoit alors
en honneur. A l'arrivée de M. de Vintimille il
fut le seul de ce Clergé respectable qui le rétracta,
pour conserver, disoit-il, le peu de bien qu'il
avoit. Un Docteur de cette trempe ne devoit pas
être un guide bien sûr ; mais dans la main de
Dieu il suffisoit à cette bonne Dame. Lorsqu'elle
s'ouvrit à lui du dessein qu'elle avoit de demander sa guérison publiquement, il l'en détourna
en lui disant qu'il ne falloit pas tenter Dieu.
Mais l'esprit de Dieu qui la conduisoit, la fit passer sur l'avis de son Confesseur.

Le matin du jour du saint Sacrement, elle se
trouva dans l'état d'une personne mourante. Une
de ses voisines, qui étoit protestante, la voyant si
mal & si souffrante, l'exhorta à mettre sa confiance en Jesus-Christ qui pouvoit encore la guérir. Il n'est pas moins puissant, lui disoit-elle, maintenant qu'il est à la droite de son Pere, qu'il ne
l'étoit sur la terre. Ces paroles affermirent la malade dans le dessein qu'elle avoit conçu. Elle répondit avec la vivacité qui lui étoit naturelle ;
Oui, je demanderai ma guérison à J. C., non pas
en tant qu'il est à la droite de son Pere, mais à
J. C. réellement présent au saint Sacrement de
l'Autel. Aussitôt elle demanda qu'on la descendît
à la porte de sa maison. On refusoit de le faire
dans la crainte qu'elle ne le pût soutenir ; elle tint
ferme, & le voulut absolument. Nous ne dirons
rien ici du miracle ; l'histoire en est exactement
rapportée dans les leçons du 2 Nocturne de cet
Office. Nous remarquerons seulement qu'une preuve si évidente de la présence réelle de J. C. au saint

Sactement ne fut pas capable de faire revenir cette
Proteſtante de ſon erreur, quoiqu'elle ait eu l'é-
quité d'atteſter le miracle. La foi eſt un don qui
n'eſt pas accordé à tous. Combien de Schiſmati-
ques ſont reſtés dans leurs préventions , & ont
perſiſté dans l'extravagante prétention que les Appellans ne conſacrent pas, quoique J. C. ait opéré
ce miracle entre les mains d'un Appellant , & ſous
le voile d'une Hoſtie conſacrée par un Appellant ?
La perſonne guérie étoit bien éloignée de ces
excès ; elle eſt toujours demeurée étroitement attachée à ſa Paroiſſe , & unie de cœur & d'eſprit à
ſon Paſteur qu'elle reſpectoit ſinguliérement. Elle
n'honoroit pas moins le premier Paſteur , * à qui
elle ſe fit un devoir d'adminiſtrer les preuves de
l'œuvre merveilleuſe que Dieu avoit opérée ſur
elle. Voici ce que lui écrivoit à ce ſujet l'Auteur
de l'Office en lui en envoyant une copie au commencement de 1752. « Rendre gloire à Dieu pour
» les merveilles qu'il opère dans ſon Egliſe , eſt
» un devoir indiſpenſable pour tout Chrétien ;
» mais qui oblige plus particuliérement les per-
» ſonnes qui ont eu le bonheur d'en être favori-
» ſées, & les Paſteurs chargés par état de les pu-

---

* On trouve dans une anecdote précieuſe qui n'eſt venue
à notre connoiſſance que depuis la mort de Madame de la
Foſſe, juſqu'où alloit ſon reſpectueux attachement aux vrais
intérêts de M. le Cardinal de Noailles. Nous la rapporte-
rons ici telle que nous l'avons appriſe. Lorſqu'en 1728 pa-
rut le Mandement d'acceptation qu'on arracha à cette Emi-
nence, Madame de la Foſſe alla à l'Archevêché ; & par le
moyen d'un Valet de chambre qu'elle connoiſſoit, qui la fit
paſſer par des voies détournées, elle parvint juſqu'à M. le
Cardinal. Elle ſe mit à genoux devant lui , tenant d'une
main ſon Acte d'appel, & de l'autre le Mandement qui venoit de paroître, & lui dit : *Monſeigneur, auquel des deux
faut-il que nous nous en tenions ?* M. le Cardinal lui répondit
en pleurant: *Au premier, au premier.* On tient ce fait d'un
Eccléſiaſtique de mérite, qui certifie l'avoir entendu racon-
ter à ce même Valet de chambre qui a toujours été reconnu
pour un homme ſincére & juridique.

» blier. Le Concile de Trente, en leur prefcri-
» vant de s'affurer avec foin de la vérité des mi-
» racles *fitôt* qu'ils en entendront parler , enjoint
» par cette difpofition même à ceux qui les ont
» obtenus, de rendre témoignage à la vérité. Vous
» avez pleinement fatisfait, Madame , à ce devoir
» par rapport au miracle célèbre que J. C. opéra
» fur vous en 1725. L'illuftre Cardinal qui gou-
» vernoit alors l'Eglife de Paris , bien inftruit de
» ce qu'il devoit en cette occafion à Dieu , à l'E-
» glife , & à lui-même, accomplit à la lettre l'or-
» donnance du Concile , & ne différa pas à en
» faire informer juridiquement. Vous lui fournî-
» tes à la tête de plus de 60 témoins toutes les
» preuves néceffaires. »

On remarqua dans le tems qu'outre les preuves
complettes qui réfultérent de cette information ,
Dieu voulut encore tirer une forte de témoignage
de la bouche même des enfans , par un petit in-
cident arrivé en préfence de Meffieurs les Com-
miffaires le jour qu'ils fe tranfportérent chez Madame de la Foffe. Un de fes enfans qui étoit tout
jeune manqua , peut-être fans le fçavoir, au refpect dû à ces Meffieurs. La mere auffitôt fe leva,
le pourfuivit & le punit. L'enfant s'écria alors en
pleurant : *Pourquoi avez-vous été guérie ? Si vous
étiez comme auparavant , vous n'auriez pas pu courir après moi.* Parmi la multitude de perfonnes
dont elle fut vifitée dans ces commencemens , il
s'en trouva plufieurs de condition qui s'étant fait
rendre compte de tout , furent touchés d'une maladie fi longue , des dépenfes qu'elle avoit occa-
fionnées , qui n'avoient pu qu'épuifer les facultés
de la malade, & lui offrirent des fecours. Elle les a
toujours humblement, mais perfévéramment re-
fufés. Son mari étoit dans les mêmes fentimens,
& répondit à une perfonne qui lui faifoit des
offices, qu'il étoit trop heureux que Dieu eût rendu la fanté à fa femme ; qu'ils étoient en état de

travailler , & qu'ils n'avoient befoin de rien. Cette
généreufe difpofition a mérité l'éloge de feu M.
Languet Archevêque de Sens , qui en reconnoiffant la vérité du miracle , en apporte ce grand
défintéreflement comme une preuve qui n'étoit
pas des moindres. *

La reconnoiffance de la perfonne guérie éga-
loit fon défintéreffement. On peut dire même
qu'elle en étoit le principe , & que ç'auroit été
une vraie ingratitude de chercher dans le bienfait de Dieu autre chofe que ce qu'on avoit reçu
de lui. Auffi ne fut-il jamais de reconnoiffance
femblable à celle qu'elle en a toujours eue. L'Auteur la caractérife fort bien dans la lettre déja
citée. « Le pieux Cardinal , lui dit-il , plein de
» reconnoiffance pour le don de Dieu, l'annonça
» à fon Diocèfe avec une effufion de cœur & des
» expreffions propres à toucher les plus indiffé-

* Il faut rappeller ici un fait curieux qui a beaucoup fait
rire dans le tems. Dieu ayant fait deux ans après des miracles aux tombeaux de quelques Appellans, M. de Montpellier donna un Mandement dans lequel il faifoit voir la
liaifon de ces miracles avec celui qui avoit été opéré fur
Madame de la Foffe. [On en verra des extraits dans la Préface.] M. Languet alors s'éleva contre le Grand Colbert ; il
prétendit que les miracles qu'il annonçoit étoient faux , &
bien différens de celui de fainte Marguerite ; que fi on avoit
voulu en alléguer de réels à la fuite de ce premier, on les
auroit trouvés en la perfonne des Evêques que Dieu avoit
préfervés miraculeufement de la pefte qui ravageoit dans
ces tems-là leurs Diocèfes. Sur quoi M. de Montpellier lui
répondit : " S'il ne tombe pas un feul cheveu de notre tête
,, fans la permiffion de Dieu , il n'y a point de doute que
,, ce ne foit par fa volonté que ces Prélats ont été préfer-
,, vés de la pefte. Mais de vouloir en faire un miracle auffi
,, éclatant que celui qui a été opéré fur la Dame de la Foffe,
,, il n'y a que vous , Monfeigneur, qui puiffiez le prétendre.,,
Puis il ajoute : " Un des principaux motifs qui vous a porté
,, à reconnoître la vérité de ce miracle , a été le grand défin-
,, téreffement de la perfonne guérie , qui a conftamment re-
,, fufé tout ce qu'on lui a offert. C'eft une qualité qui man-
,, que aux Prélats miraculeufement préfervés de la pefte ;
,, car plufieurs ont reçu en conféquence de riches Abbayes ,,

» rens. Vous avez été pénétrée, Madame, des
» mêmes fentimens. La vive reconnoiffance du
» bienfait de Dieu qui ne s'eft jamais affoiblie en
» vous, & qu'on fçait vous avoir rendu chaque
» année le miracle aussi nouveau que le jour même
» auquel vous l'avez obtenu ; cette reconnoiffan-
» ce, dis-je, a été le principe de l'édification que
» vous avez donnée à tout Paris par votre exacti-
» tude à affifter, fans y manquer pendant plus de
» 25 ans, à la Proceffion folemnelle. »

La pieufe Dame paffoit tous les ans ce jour entier en priére, & affiftoit à jeun à la Proceffion
qui fe fait à 5 heures du foir. La premiere nourriture qu'elle prenoit étoit un bouillon qu'on lui
préfentoit dans une maison voifine de l'églife en
fortant de l'Office vers les fept heures du foir.
C'eft ce qu'elle a pratiqué uniformément pendant 27 ans. Sa reconnoiffance ne fe bornoit pas
à célébrer ainfi le jour anniverfaire du miracle.
Dans l'Oraifon qui fe dit ce jour-là à fainte
Marguerite, l'Eglife demande à Dieu d'augmenter en nous la foi d'un fi grand myftére, & la grace de la montrer par une charité ardente, la
pratique des bonnes œuvres, & de dignes communions. Dieu lui a accordé cette grace tout le
refte de fa vie. Son goût pour la divine Euchariftie ne faifoit que croître. Pendant les huit derniéres années de fa vie qu'elle a été dans l'im-
poffibilité de fortir de fa chambre, on la lui
portoit non feulement à Pâques, mais encore
plufieurs autres fois dans le cours de l'année ; &
lorfqu'elle demandoit cette grace, c'étoit en des
termes, & avec des inftances & des fentimens de
foi qui faifoient bien voir que c'étoit fa plus
grande confolation. Sa dévotion envers J. C. caché dans le faint Sacrement, lui avoit infpiré le
defir ardent d'une vie cachée en J. C. Elle ne defi-
roit rien autre chofe que de vivre inconnue. En
quittant fon commerce elle s'étoit retirée dans

un Couvent * fous le nom de Madame Charlier.
Elle édifioit toute la maifon par fa vie de priére
& de folitude. Mais quelques grandes Penfionnaires étant venues à la Proceffion de fainte Marguerite , & ayant demandé à voir Madame de la
Foffe, on la leur montra, elles la reconnurent; &
ayant fait part. à leur retour de la découverte , il
n'en fallut pas davantage pour la déterminer à
fortir de cette maifon , quelques inftances
que fiffent les Religieufes pour la retenir. Elle fe
confina dans une chambre qu'elle occupa fucceff-
fivement en différens quartiers ; d'abord fur la Paroiffe de S. Médard , où elle alloit fréquemment
rendre fes devoirs au faint Diacre ; & en dernier
lieu fur celle de S. Paul. Dans cette vie de retraite
elle n'étoit vifitée que d'un très-petit nombre de
perfonnes ; & toute fon occupation étoit la priére, la lecture des bons Livres, & la pratique de toutes les bonnes œuvres qui étoient en fon pouvoir,
& qu'elle a toujours continuées jufqu'à la mort.
Sa charité s'étendoit à tout fans fe rebuter des
obftacles. Rien ne lui paroiffoit difficile ; ingé-
nieufe à trouver des expédiens , elle venoit toujours à bout d'exécuter fes pieufes intentions. Elle
rétabliffoit la paix dans des familles divifées; elle
procuroit des aumônes à ceux qu'elle fçavoit dans
la miféré , des inftructions à ceux qui en avoient
befoin, les fecours fpirituels de l'Eglife à ceux à
qui on négligeoit de les donner. Dieu béniffoit
toutes fes entreprifes. Il eft bon de rapporter ici
un exemple frapant de ce zéle pour le falut du
prochain arrivé fur la fin de fa vie. Elle fut plus
d'une fois adminiftrée en viatique , parce qu'elle
a été plus d'une fois aux portes de la mort. Un
jour qu'elle l'avoit été de cette maniére , après
avoir reçu Jefus-Chrift avec fa piété ordinaire ,
elle oublia pour ainfi dire la grace qu'elle venoit
de recevoir , pour ne s'occuper que du foin de la

* Aux Feuillantines.

faire-recevoir à un autre. Elle rassembla le peu de
forces qu'elle avoit pour représenter au Prêtre
qu'il y avoit dans la maison un pauvre homme
malade qu'on ne pensoit pas à faire administrer,
parce qu'on ne le croyoit pas si mal; que pour elle
elle étoit persuadée qu'il n'y avoit pas de tems à
perdre, & elle le conjura avec toutes les instan-
ces possibles de vouloir bien y monter dans le
moment avec le saint Sacrement. Le Prêtre y con-
sentit. Elle pria aussitôt quelques-uns des assistans
de prendre toutes les choses nécessaires qui avoient
été préparées pour elle, & de les porter dans la
chambre de ce malade; cela fut fait dans l'instant.
Le malade fut administré, & mourut avant que le
Prêtre fût de retour à la Paroisse. On verra dans
la Préface un autre exemple mémorable de cette
charité qui ose tout entreprendre pour le service
du prochain. Une charité si ardente envers le Chef
& les membres, ne pouvoit manquer de l'intéresser
à tout ce qui regarde le Corps entier. Elle aimoit
l'Eglise; elle gémissoit amérement de tous les
maux qui la désolent. Le progrès de l'incrédulité,
le déréglement des mœurs, l'extinction de la foi, &
surtout les divisions & les actes de schisme la péné-
troient de douleur. Ces sentimens exprimés d'un
ton vif & religieux rendoient ses conversations
extrêmement intéressantes aux yeux de la foi. Elle
n'édifioit pas moins lorsqu'elle parloit sur les autres sujets de piété, sur lesquels elle s'exprimoit
en termes simples, quelquefois même gais, ensorte que les personnes qu'elle entretenoit ainsi,
s'en retournoient toujours toutes remplies des
bonnes choses qu'elle leur avoit dites de la plénitude de son cœur.

Son humilité & son esprit de pénitence se ma-
nifestoient lorsqu'elle parloit de ses fautes. Elle
se reprochoit amérement les plaintes que le sentiment de la nature lui arrachoit quelquefois dans
les douleurs inconcevables qu'elle ressentoit. Dans

ces momens elle jettoit les yeux sur une image de J. C. crucifié, & invoquoit plusieurs Saints pénitens, & surtout S. Jean-Baptiste auquel elle avoit une dévotion particuliére, comme à celui qui après J. C. est le modéle le plus parfait de la pénitence chrétienne. Mais le sentiment le plus dominant en elle, étoit une grande confiance en Dieu, que la vue de ses fautes n'a jamais affoiblie. Ce n'est pas qu'elle n'eût quelquefois de grandes frayeurs en pensant aux terribles jugemens de Dieu; mais la confiance reprenoit aussitôt le dessus; & sans rien diminuer du sentiment de sa misére, elle se tenoit toute assurée des miséricordes de son Pere : ce sont les termes dont elle se servoit. Pendant ces huit derniéres années de sa vie elle a toujours eu la mort présente, & ne l'a jamais envisagée qu'avec une tranquillité & une paix qu'on ne pouvoit s'empêcher d'admirer. De si grands sentimens dans une maladie qui d'ailleurs tenoit visiblement du prodige, soit par la violence des maux presque continuels, soit par le peu de nourriture qu'elle prenoit, qui n'auroit pas suffi à un enfant de deux jours, montrent clairement ce que nous avons dit, que Dieu l'avoit marquée au coin de ces ames privilégiées qu'il conduit par lui-même, & qu'il n'épargne pas en cette vie, parce qu'il les y veut purifier entiérement. Cette vie si édifiante a été enfin terminée le 3 du mois de Juin 1760 à l'âge de plus 80 ans.

Le lendemain veille du saint Sacrement le convoi se fit en l'église de S. Paul au milieu d'un concours considérable de personnes de différens états. Eccléfiastiques, Magistrats, Bourgeois, Gens du simple peuple, tous s'empressérent de lui rendre les derniers devoirs. Son corps a été inhumé dans un lieu particulier du cimetiére de cette Paroisse. Le concours ne fut pas moindre au Service que Messieurs les Marguilliers de Ste Marguerite firent célébrer quelques semaines après dans leur églife. Ils n'épargnérent rien de ce qui pouvoit en relever la folemnité. Mais la piété univerfelle de tous les affiftans a été dans l'une & l'autre cérémonie , ce qui répondoit davantage aux faintes difpofitions de la refpectable défunte qui en étoit l'objet. Il faut dire ici ce que M. de Montpellier difoit de la triomphante Proceffion faite en l'églife de Notre-Dame en action de graces du miracle : *C'eft ainfi que fera honoré celui qu'il plaira au Roi d'honorer.* Efth. 6.

PRÉFACE.

RIEN n'est plus propre à nourrir la piété des Fidéles, & à soutenir leur foi dans les tems d'épreuves, que la méditation de la conduite de Dieu sur son Eglise, & des œuvres éclatantes par lesquelles il est toujours venu à son secours, souvent lorsque les maux paroissoient montés à leur comble.

De tous les scandales qui se sont élevés autrefois, celui de l'Arianisme a été le plus séduisant, soit par le nombre & le crédit des partisans de l'erreur, soit par l'artifice avec lequel ils faisoient passer leur doctrine sous le nom de celle de l'Eglise. Des Conciles nombreux décidérent l'erreur. Le Pape Libére céda à la violence, & rejetta S. Athanase. Ce saint Patriarche en Orient, & Saint Hilaire en Occident, furent presque les seuls défenseurs de la vérité. L'obscurcissement fut si général que, selon la parole de saint Jérôme, l'univers entier fut étonné de se voir Arien. A quel danger alors n'étoient pas exposés les simples fidéles, puisque les Pasteurs mêmes s'étoient laissé surprendre ? Mais Dieu vint à leur secours par les miracles des saints Solitaires attachés à la foi de Nicée. Ceux que saint Antoine fit dans Alexandrie, furent regardés comme autant de témoignages en faveur de saint Athanase, & confondirent les ennemis de ce Saint qui prétendoient que sa cause n'étoit pas celle de l'Eglise.

Ces mêmes hérétiques s'étant prévalus de la protection de l'Impératrice Justine pour persécuter saint Ambroise, Dieu se déclara en faveur de son serviteur par la révélation des corps des saints Martyrs Gervais & Protais, & par les miracles qui y furent opérés.

L'Eglise de Constantinople étant réduite à la
plus

plus extrême affliction par l'exil de faint Jean-
Chryfoftôme fon Pafteur , il fe fit dans cette
grande ville, le lendemain du départ du faint Prélat, un horrible tremblement de terre , que tout le
monde regarda comme un effet de la vengeance
divine. L'Impératrice Eudoxie , qui avoit eu la
principale part à cette intrigue, en fut elle-même
fi effrayée qu'elle conjura l'Empereur de le faire
revenir.

« Toute l'Hiftoire Eccléfiaftique , dit le Grand
» Colbert , *(a)* eft remplie d'événemens de cette
» nature, qui prouvent également combien Dieu
» eft attentif fur fon Eglife, le foin qu'il a de dé-
» concerter les projets de fes ennemis dans le mo-
» ment décifif , & fa vigilance à lui faire naître
» les moyens de leur fermer la bouche , & de les
» couvrir de confufion. »

C'eft ce qui eft encore arrivé dans le fiécle dernier , à l'occafion de la perfécution contre P. R.
Les miracles de la fainte Epine opérés en cette
maifon préférablement à toutes les autres où on
avoit porté cette fainte Relique , furent des marques décifives de la protection que Dieu accordoit à ces dignes Religieufes contre leurs calom-
niateurs.

« Ces faintes Filles , dit M. de Montpellier *(b)*,
» étoient calomniées dans leur foi, & perfécutées
» d'une maniére étrange. On détournoit les peu-
» ples d'aller prier dans leur eglife ; on décrioit
» l'éducation qu'elles donnoient à leurs Penfion-
» naires , & on vouloit obliger les parens à les re-
» tirer de leur Monaftère. C'eft alors que Dieu
» fait un miracle éclatant fur une de ces jeunes
» Penfionnaires. *(c)* »

[*a*] Inftruction Paftorale fur le miracle de fainte Marguerite.

[*b*] Inftruction Paftorale fur le miracle de fainte Marguerite.

[*c*] C'étoit Mademoifelle Perrier niéce de M. Pafcal ; elle

b

Quelle eſt la perſonne tant ſoit peu inſtruite des faits, qui ne reconnoiſſe dans ce que M. de Montpellier vient de dire de P. R. ce qui ſe paſ-ſoit à Paris par rapport aux Appellans en 1725. Il ſe tint cette année une Aſſemblée du Clergé dont la plupart des Evêques ne reſpiroient que la divi-ſion & le ſchiſme. Ces Prélats allant à ſainte Ge-neviéve refuſérent l'eau-bénite de la main des Chanoines-réguliers de cette Egliſe, parce qu'ils étoient Appellans ; & s'abſtinrent d'aller en corps à l'Egliſe Métropolitaine, pour ne pas communi-quer avec M. le Cardinal de Noailles & ſon Cha-pitre Appellans.

C'eſt préciſément dans cette année, & dans ces circonſtances remarquables que Jeſus-Chriſt ſe montre par le miracle opéré dans la Paroiſſe de ſainte Marguerite. Ce miracle doit donc être con-ſidéré comme un de ces événemens précieux qui demandent de nous une attention particuliére. M. de Montpellier nous fournit là-deſſus les ré-flexions les plus ſolides & les plus édifiantes dans le Mandement qu'il a adreſſé aux fidéles de ſon Diocèſe pour leur annonce cette merveille.

« Dans ces jours malheureux, dit ce grand Evê-» que, où l'irréligion, l'héréſie, le faux zéle ; » cauſent à l'Egliſe une douleur ſi amère ;... Dieu » nous fournit tout à la fois dans un miracle qu'il » vient de faire aux yeux de tout Paris, de quoi » fermer la bouche au libertin, confondre l'héré-» tique, & deſarmer le faux-frere. »

Il n'eſt pas poſſible de ſuivre le Prélat dans tout ce détail. D'ailleurs les deux premiéres conſéquen-ces n'ont pas été contredites par les Conſtitution-naires qui ont reconnu la vérité du miracle. Ils

fut guérie ſubitement d'une fiſtule lacrymale par l'applica-tion d'une épine de la couronne de notre Seigneur. Ce mira-cle fut juridiquement conſtaté & publié par un Mandement des Grands Vicaires de M. le Cardinal de Retz alors Arche-vêque de Paris.

ont bien voulu y voir la condamnation du Déïste
& du Calviniste ; mais ils n'ont pas voulu y voir
la leur. C'est pourquoi M. de Montpellier insiste
particuliérement sur la troisiéme.

« Une troisiéme chose, dit-il., à considérer dans
» le miracle opéré sur la Dame de la Fosse , c'est
» qu'il paroît visiblement avoir été fait pour con-
» soler l'Eglise dans ses membres affligés , & lui
» donner des marques sensibles de la protection
» de Dieu , dans un tems où celle des hommes lui
» est si universellement refusée. Seigneur, disoit
» à Dieu cette mere affligée (a) , faites paroître
» quelque signe de votre bonté envers moi ; afin
» que ceux qui me haïssent soient couverts de
» confusion , en voyant que je trouve en vous ,
» Seigneur, mon secours & ma consolation. *Fac*
» *mecum signum* , &c. » *Ps.* 85.

« Dieu l'a fait ce signe , M. T. C. F. La voix du
» Seigneur s'est fait entendre dans la Capitale du
» Royaume; voix pleine de magnificence & d'é-
» clat : *Vox Domini in virtute , vox Domini in*
» *magnificentia...* Dans la campagne comme dans
» les villes, dans les cloîtres & les solitudes com-
» me dans les lieux les plus fréquentés, on ne par-
» le que de séparation & de schisme. Ce terme fa-
» tal , cette parole cruelle qui fit autrefois discer-
» ner à Salomon la fausse mere d'avec la vérita-
» ble , retentit de toutes parts... C'est aux Pasteurs
» qui ont plus de lumiére , plus de religion , plus
» de piété , qu'on en veut principalement... Il
» suffit qu'on les croie favorables à la cause que
» nous avons portée avec tant de justice au tri-
» bunal de l'Eglise universelle, pour qu'on se croie
» en droit de les décrier & de les perdre dans l'es-

[a] Il est bon de remarquer ici en passant que le
miracle opéré sur Mademoiselle Perrier arriva le vendredi de
la troisiéme semaine de Carême, jour auquel on avoit lu pour
Introït à la Messe ces paroles du Ps. 85. que cite ici M. de
Montpellier.

» prit de leurs peuples. On veut que leurs ouailles
» renoncent aux fentimens d'eftime, à l'affection &
» à l'attachement qu'elles avoient toujours mon-
» tré pour eux. Du mépris on les porte à la révolte;
» & on n'eft pas content qu'on ne les ait engagé à
» refufer les Sacremens de leurs mains. »

« Telles étoient les femences de fchifme & de
» divifion que l'homme ennemi avoit jettées dans
» la Paroiffe de fainte Marguérite à Paris. Cette Pa-
» roiffe dont le Curé eft Docteur de Sorbonne, des
» plus attachés à la caufe que noús défendons,
» connu d'ailleurs par fon zéle, fa piété & fon
» grand amour pour les pauvres, étoit devenu par
» ces endroits mêmes en bute à la contradiction
» des faux-freres. La conquête, ou plutôt la dé-
» folation de fa Paroiffe, leur paroiffoit un objet
» digne de s'y attacher; auffi n'ont-ils rien omis
» pour folliciter les cœurs de fes Paroiffiens, &
» les détourner de l'obéiffance qu'ils lui doivent.
» (a) Cependant la féduction prenoit de nouvelles
» forces, & faifoit tout craindre pour l'avenir,
» quand tout à coup Dieu fe montre, fend la nuée
» qui l'environne, & devient l'apologifte de fon
» ferviteur & de la caufe qu'il défend. Parce
» qu'on ne veut pas recevoir les Sacremens de fa
» main, c'eft entre fes mains que Jefus-Chrift, le

[a] On comprendra affez quels font ces faux-Frères dont
parle ici M. de Montpellier, qui follicitoient les cœurs des
Paroiffiens de Ste Marguerite. Cette paroiffe n'eft pas éloignée
des Jéfuites; & ce font eux qui n'ont ceffé d'y fouffler le feu
de la divifion. Ils fçurent mettre à profit pour cela d'abord
le faux zèle d'un Prêtre nommé Prevôt, enfant de la paroiffe
& d'une riche famille du Faubourg, qui n'ayant pas à beaucoup près autant de lumiére que de piété, eut le malheur de
fe prêter à l'iniquité. Un extérieur modefte & eccléfiaftique,
une vie pénitente & mortifiée, une douceur qui le rendoit
affable envers tout le monde, & qui lui gagnoit furtout la
confiance des jeunes gens, furent des moyens qui ne lui réuf-
firent que trop. Ce que les Jéfuites avoient commencé par
cet Eccléfiaftique, ils l'ont continué perpétuellement par leur
Congrégation. Quel mal n'a pas fait & ne fait pas encore
cette Congrégation!

» Pontife & l'Evêque de nos ames , veut accorder
» la guérison de la nouvelle Hémorroïsse. Cette
» femme attachée à son Pasteur , s'approche avec
» confiance de Jesus-Christ que le Pasteur porte
» entre ses mains; elle ne craint point que la mar-
» que de communion qu'elle lui donne en cette
» occasion retarde la grace qu'elle attend de son
» Rédempteur. Que dis-je ? L'esprit de Dieu qui
» la conduit, lui met dans la bouche les paroles les
» plus propres à exprimer le dogme de la toute-
» puissance de Dieu sur le cœur de l'homme, le mê-
» me pour lequel nous souffrons aujourd'hui tant
» de vexations : *Seigneur* , dit-elle ainsi que le Lé-
» preux de l'Evangile , *si vous voulez vous pouvez*
» *me guérir*;elle ne doute pas du pouvoir,elle le prie
» seulement de vouloir; parce qu'elle est persuadée
» qu'il n'est pas moins puissant pour guérir les
» ames , qu'il ne l'est pour guérir les corps. »
Elle ajoute : « Pardonnez - moi mes péchés ,
» & je serai guérie....... L'idée qu'elle a de la
» toute-puissance de Jesus-Christ sur les corps
» pour les guérir par le seul mouvement de sa vo-
» lonté , est l'image de celle qu'elle a de la toute-
» puissance de sa grace pour guérir les ames de la
» cupidité.* Elle croit que Jesus-Christ guérit l'a-
» me aussi-bien que le corps par le seul mouve-
» ment de sa volonté ; qu'il parle , & tout se fait ;
» qu'il commande,& il est obéi.** C'est pour cela
» même qu'elle mérite d'être exaucée. A peine a-
» t-elle mis le pied dans le Temple du Seigneur ,
» qu'elle sent la source du sang qu'elle perdoit
» desséchée.... Apprenez de cet exemple , M. T.
» C. F. ce que vous devez penser de ces hommes
» répandus aujourd'hui par tout , qui ne prêchent
» que la révolte , le schisme & la division. »

Ce raisonnement si naturel & si concluant
choqua M. Languet alors Evêque de Soissons. Il
crut devoir le combattre, & s'attirer une réponse

*Proposition 24. ** Propositions 20. & 25.

b iij

PREFACE.

de la façon du Grand Colbert. Ce Prélat la lui fit
au commencement de l'année 1727. C'est le sujet
de l'écrit qui a pour titre : *Troisiéme Lettre de
M. de Montpellier à M. de Soissons.* Ceux qui
n'ont pas lu ce bel ouvrage, ne seront pas fâchés
d'en trouver ici un extrait un peu étendu.

« Le miracle, dit M. de Montpellier, fut con-
» tredit par trois sortes de gens, les libertins, les
» Calvinistes & les Constitutionnaires: preuve in-
» contestable qu'il incommodoit ces trois sortes de
» personnes. Que n'a-t-on pas dit pour le décrier?
» Combien de bruits semés dans tout le Royaume,
» tantôt que la Dame de la Fosse étoit retombée
» dans ses anciennes infirmités; tantôt qu'elle
» étoit morte (*a*) ? Moi-même plus de six mois
» après j'ai été obligé de faire venir un certificat
» de vie & santé de cette femme, pour l'opposer à
» de pareils bruits que les Constitutionnaires ne
» cessoient de répandre. On s'est long-tems dé-
» battu, on a chicané, enfin il a fallu se rendre;
» & on vous a l'obligation, Monseigneur, d'avoir
» été le premier qui se soit expliqué sur cela d'u-
» ne maniére nette & précise. *Je ne prétends pas,*
» dites-vous, *décréditer ce miracle, & en contester*
» *la vérité. A Dieu ne plaise que je veuille contredire*
» *l'ouvrage de Dieu, & que je flate l'incrédulité*
» *des hommes.* Voilà le miracle avoué; cela me
» suffit. C'est aux personnes raisonnables & non
» prévenues à juger si les conséquences que j'en
» tire sont justes, ou si elles ne le sont pas. »

« Il est question entre vous & nous de sçavoir
» si Jesus-Christ se déplaît dans les mains des Ap-
» pellans; & s'il s'y déplaît jusqu'au point de
» soustraire les graces qui dans le cours ordinai-
» re sont attachées aux Sacremens, & spécialement
» à l'Eucharistie. Certains défenseurs outrés de la
» Bulle prétendent que la qualité d'Appellant est

[*a*] Les Jésuites s'efforçoient de détruire par de semblables
bruits la créance du miracle opéré sur Mademoiselle Perrie.
Voyez l'Histoire abregée de P. R. par M. Racine.

» fi horrible aux yeux de Dieu & de l'Eglife , que
» de s'adreffer à de tels Miniftres pour recevoir
» les Sacremens , c'eft fe priver des graces qui ont
» coutume de découler de ces fources facrées... Ce-
» pendant il arrive tout à coup que Jefus-Chrift
» veut bien fortir de fon fecret , & fe manifefter
» par un figne extérieur ; que va-t-il donc faire ?
» N'eft-il pas clair que fi les Conftitutionnaires
» ont raifon , il eft important pour la religion
» que dans la circonftance du plus grand feu de
» cette difpute Jefus-Chrift favorife leur penfée,
» & qu'il ne donne pas lieu de croire qu'il répand
» fes dons entre les mains des Appellans , & fur
» ceux qui font fidéles à ne fe pas éloigner d'eux ?
» Car c'eft-là précifément ce qui eft en queftion.
» Mais au lieu de le faire, c'eft entre leurs mains
» qu'il opére un miracle ; c'eft dans la Paroiffe
» contre laquelle les défenfeurs de la Bulle fe dé-
» chaînent avec le plus de violence. Il y écoute
» les priéres d'une femme qui demande la guéri-
» fon de fon corps & de fon ame. Il commence à
» l'exaucer dans le tems de la proceffion ; & il
» attend à achever de la guérir au moment qu'elle
» met le pied dans l'églife de fa Paroiffe ; cette
» même églife dont tant d'autres fe font éloignés,
» & où ils croient qu'il ne leur eft pas permis
» d'entrer pour affifter aux divins Myftéres. »

« Puis donc que Jefus-Chrift entre les mains
» des Appellans accorde d'une maniére fi publique
» les graces extraordinaires & vifibles, qui fe per-
» fuadera qu'il refufe les graces ordinaires & in-
» vifibles , précifément parce qu'il eft dans ces
» mêmes mains ? Puifque Jefus-Chrift arrête &
» defféche la fource du fang que perd la nouvelle
» hemorroïffe , dans le moment où elle entre dans
» fon faint temple , & que par-là il la met en état
» d'affifter à l'Office de la Paroiffe , (il eft dit
» qu'elle affifta à Tierce, à la Grand'Meffe, & à

b iv

» Sexte) (*a*) qui fera affez aveugle pour ne pas voir
» que Jefus-Chrift ne defapprouve pas la condui-
» te de ceux qui communiquent avec les Appel-
» lans dans les prières publiques de l'Eglife? Dans
» vos principes , Monfeigneur , (& ceux qui
,, les fuivent en tirent en effet toutes ces con-
» féquences) (*b*) c'eft offenfer Dieu, c'eft defobéir
» à l'Eglife, c'eft fcandalifer fes freres que de com-
» muniquer avec les Appellans. Mais oferiez-vous
» dire que la Dame de la Foffe foit coupable de
» tous ces crimes pour avoir affifté à la Meffe de
» fa Paroiffe dans le moment de fa guérifon? De
» quel œil les fidéles vous auroient-ils regardé , fi
» dans ce moment même vous aviez entrepris de
» perfuader à cette femme qu'après avoir reçu un
» auffi grand bienfait que celui qu'elle venoit de
» recevoir , il ne falloir pas qu'elle fe fouillât en
» entendant la Meffe d'un Réappellant , mais
» qu'elle devoit aller dans une autre églife témoi-
» gner à Dieu fa reconnoiffance de la merveille
» qu'il venoit d'opérer? Quel eft le Prélat de l'Af-
» femblée qui auroit été affez hardi pour monter
» en chaire dans ce moment, & déclarer à tout
» le peuple témoin du miracle qu'il ne pouvoit
» fans fcandale affifter à la Meffe de fon Pafteur?
» Selon vous Dieu condamne l'union des fidéles
» avec les Appellans ; mais étoit-ce le moyen de
» donner à la femme qui venoit d'être guérie , de
» l'oppofition pour fon Curé, pour fa Paroiffe,
» pour les Offices qui s'y font, que de la guérir
» miraculeufement dans les circonftances que
» nous venons de relever? Etoit ce le moyen de
» l'empêcher de retourner à fa Paroiffe , & d'y
» mettre le pied à l'avenir, que d'attendre à la
» guérir au moment qu'elle a le bonheur d'y entrer.
» Pourroit-elle deformais regarder avec peine

(*a*) Mandement de M. de Noailles.
(*b*) Ce font ces mêmes principes qui font la caufe des refus
de Sacremens qu'on fait encore aujourd'hui aux Appellans &
à ceux qui leur font unis.

» l'entrée d'une église où elle fçait qu'elle a ob-
» tenu fa guérifon , le feuil d'une porte qui la
» fait fouvenir toutes les fois qu'elle y paffe de
» la miféricorde fignalée dont Dieu a ufé envers
» elle ? Dieu connoifsoit en faifant cette merveil-
» le que par une impreffion naturelle de la piété
» chrétienne , que felon l'ordre légitime des Su-
» périeurs , les peuples accourroient en foule dans
» cette même églife , pour lui en témoigner leur
» reconnoiffance ; & qu'autant de fois qu'ils y
» viendroient , ce feroit autant de marques de
» communion qu'ils donneroient aux Appellans :
» & cette confidération fi oppofée aux vues des
» outrés Conftitutionnaires ne l'arrête point. Il
» faut donc que la communion avec les Appel-
» lans ne foit pas une chofe auffi pernicieufe
» qu'on veut le faire croire : autrement il fau-
» droit dire que Dieu conduiroit les fidèles à con-
» clure & à fuivre une fauffeté.... »

« Vous nous demandez , Monfeigneur , fi la
» Dame de la Foffe eft Appellante. Quand elle
» ne la feroit pas , en eft-il moins vrai que fa
» guérifon a été opérée par Jefus-Chrift entre les
» mains des Appellans , & que ce divin Sauveur a
» fait connoître d'une maniere fenfible qu'il ne
» les juge pas indignes de faire paffer fes graces
» par leur canal ? La Dame de la Foffe n'a point
» fait d'acte d'appel , mais elle communique hau-
» tement avec les Appellans ; & elle eft très-éloi-
» gnée d'imiter la conduite de ceux des Paroif-
» fiens de fainte Marguerite qui refufent de re-
» cevoir les Sacremens de la main de leur Paf-
» teur Appellant & Réappellant. Si elle eut été
» dans cette difpofition criminelle , la moindre
» marque de communion lui auroit paru un obf-
» tacle à la grace qu'elle défiroit. Elle auroit évité
» de le fuivre & d'entrer après lui dans une églife
» à l'entrée de laquelle néanmoins fa guérifon a
» été achevée. Elle auroit appréhendé de faire
» une demande & des démarches préjudiciables

» à fa caufe , & dont les Appellans dans les cir-
» conftances préfentes euffent pu tirer avantage.
» En un mot aucun de ces outrés Conftitution-
» naires l'eut-il porté à faire tout ce qu'elle a
» fait ? Et vous , Monfeigneur , permettez-moi
» de vous le demander , lui euffiez-vous donné
» ce confeil ? Cependant où en feroit-elle fi de
» malheureufes préventions l'euffent empêché de
» fuivre le mouvement de fa foi ? ... »

(Toute la part qu'a eu le Curé à ce célébre
événement, c'eft d'avoir dit à la vue des empref-
femens de celle qui dans la ferveur de fa foi s'approchoit du faint Sacrement : Qu'on faffe retirer
cette femme) ce font les paroles de M. Languet ;
& voici ce que M. de Montpellier y répond.

« Que vous êtes mal informé , Monfeigneur !
» non ; le Curé n'a point dit ce que vous lui faites
» dire... Mais quand il auroit dit : Qu'on faffe
» retirer cette femme ; quelle conféquence pour-
» riez-vous en tirer contre lui & contre nous ?
» Quoi donc, parce que les Apôtres repoufférent
» avec des paroles rudes ceux qui préfentoient à
» Jefus-Chrift de petits enfans afin qu'il les tou-
» chât, qu'il leur impofât les mains , & qu'il
» priât pour eux; s'enfuit-il que fi Jefus-Chrift eut
» fait quelque miracle fur ces enfans, les Apôtres
» n'euffent plus été en droit de s'en fervir pour
» montrer qu'on ne devoit pas les condamner par-
» ce qu'ils fuivoient Jefus-Chrift ? Le Curé de
» fainte Marguerite ne comptoit pas en particu-
» lier fur le miracle que Jefus-Chrift a opéré en-
» tre fes mains ; & il étoit jufte qu'il prît des
» mefures convenables à la charité & au bon or-
» dre. Mais ce Curé comptoit fans doute fur la
» toute-puiffance de Dieu qui n'abandonne point
» fa caufe , & qui fçait , quand il lui plaît , faire
» d'éclatans miracles. Il ne s'attendoit pas à cet
» événement déterminé ; mais il n'en prioit pas
» moins celui qui a des reffources inépuifables ;

» & il sçavoit que sans rien prescrire au tout-puis-
» sant, nous devons tout attendre de sa bonté.
» La disposition de son cœur étoit bien différente
» de celle de ces partisans de la Bulle qui ne res-
» pirent que le Schisme. Il demandoit à Dieu de
» le consoler dans la défense de sa cause ; & ils
» cherchent à le confondre en séparant de lui
» son troupeau. Un miracle fait entre ses mains
» devoit être pour lui un sujet de consolation &
» de joie : & Dieu qui exauce le desir du pauvre,
» & qui entend la préparation de son cœur, a bien
» sçu qui étoient ceux qui devoient s'en réjouir,
» ou en être humiliés. C'est sur ce principe qu'il
» faudroit raisonner, s'il étoit question de juger
» de la part que ce Curé peut avoir eue à *cet évé-*
» *nement célébre.* Car si tous les dons que Dieu
» répand dans son Eglise sont accordés selon S.
» Augustin aux gémissemens de la Colombe &
» aux desirs des justes, il s'agit de sçavoir qui
» a désiré, ou qui n'a pas désiré. Il faut remon-
» ter à la disposition des cœurs ; & connoissez-
» vous assez, Monseigneur, celle de ce digne
» Curé pour avancer, en lui attribuant une pa-
» role qu'il n'a pas dite, que voilà toute la part
» qu'il a eue dans cet événement célébre ? »

M. de Montpellier cite en cet endroit une lettre que lui écrivit M. le Curé de sainte Marguerite pour désavouer ce que M. Languet lui fait
dire. Après y avoir réclamé le témoignage de
tous ceux qui étoient autour de lui à la Procession, & même celui de tous ceux qui ont écrit
sur ce miracle, dont aucun ne l'accuse d'avoir
parlé ainsi, M. Goy ajoute qu'on a pu confondre deux faits différens. Et voici ce qui a
peut-être donné lieu à cette méprise. Le Jeudi de l'Octave du saint Sacrement de la même
année 1725, une fille malade depuis long-
tems se fit porter jusqu'à trois fois devant le saint
Sacrément pendant la Procession. La troisième

fois elle fut mise précisément devant le Dais, de façon qu'il falloit s'arrêter, ou marcher sur elle. Ce fut alors que M. Goy admirant la foi de cette fille, mais touché en même-tems de compassion pour elle dans la crainte qu'il ne lui arrivât quelque accident, dit qu'on la vînt relever. Une telle foi ne fut pas sans récompense ; la malade obtint ce qu'elle avoit demandé, & elle a joui depuis d'une santé continuelle, telle qu'elle l'avoit désirée (a). Ce miracle, ajoute M. le Curé de sainte Marguerite, est aussi certain & aussi connu dans le Fauxbourg que le premier. M. Languet a donc appliqué par erreur de fait au premier miracle, ce qui n'est arrivé qu'au second. Mais avoit-il raison de dire que c'est la seule part que ce digne Pasteur y avoit eue ? On en peut juger par ce que les amis de M. Goy en ont dit dans la suite d'après la confidence qu'il leur en avoit faite, que voyant cette malade prier avec tant d'instance & de persévérance, il s'étoit rappellé la prière que saint Augustin fit dans une occasion à peu-près semblable, & qu'il avoit dit à Jesus-Christ dans les mêmes termes du saint Docteur : *Seigneur, quelle prière exaucerez-vous, si vous n'exaucez pas celle-ci ?*

« Au moins, dites-vous, (c'est M. de Mont-
» pellier qui parle) quelque Catholique zélé a-
» t-il défié la malade de justifier sa foi ? »

« Ce que vous appellez Catholique zélé, je l'ap-
» pelle avec plus de justice catholique séduit.
» Non, aucun n'a défié la malade en particulier ;
» mais tous les jours les Appellans étoient insul-
» tés par ces prétendus Catholiques zélés... Les
» Appellans n'ont point déclaré qu'ils alloient
» faire un miracle pour justifier que Dieu est avec

[a] Elle n'avoit pas demandé la délivrance de ses maux, mais qu'ils lui laissassent la liberté de travailler & d'assister aux saints Offices les Dimanches & les Fêtes ; ce qu'elle a toujours fait depuis ce moment.

» eux ; mais ils ont exposé aux yeux de celui
» qui voit tout, l'état d'opprobre & d'humilia-
» tion dans lequel ils étoient pour le soutien &
» la défense de sa cause. Ils lui ont demandé
» de se hâter de venir à leur secours ; ..... & ils
» n'ont aucune peine à reconnoître qu'ils avoient
» été exaucés dans le miracle qui s'est fait entre
» les mains d'un d'entre eux, avec toutes les cir-
» constances que nous avons tant de fois relevées.
» Les Juifs n'avoient pas défié l'Apôtre S. Pierre
» quand un Ange vint au milieu de la nuit le
» réveiller & le faire sortir miraculeusement de
» prison. Mais toute l'Eglise de Jérusalem ne ces-
» soit de prier pour lui ; & ce fut aux prières
» continuelles de cette Eglise que le miracle de sa
» délivrance fut accordé, dans le moment où il
» y pensoit le moins ; les fidéles eux-mêmes ne
» sçachant pas si Dieu ne permettroit point qu'il
» eût le même sort que saint Jacques venoit d'a-
» voir.... »

Enfin (& c'est la dernière objection de M.
Languet) M. le Cardinal de Noailles n'a fait
usage de ce miracle que contre les libertins &
les Calvinistes.

« Quand il auroit été plus loin, répond M.
» de Montpellier, auroit-il été répréhensible ? Et
» pourriez-vous me prouver qu'il ait trouvé mau-
» vais que j'en aie fait usage contre ceux qui
» veulent faire schisme dans l'Eglise ? Peut-être
» Dieu a-t-il permis que M. le Cardinal de Noail-
» les n'ait pas tiré du miracle tout l'avantage
» qu'il pouvoit en tirer, afin que le témoignage
,, de ce Cardinal fût à l'abri de tout soupçon,
,, & que le miracle eût tous les caractères de
,, vérité qui peuvent servir à le rendre authen-
,, tique. Dieu a prévu la malice de nos ennemis.
,, Il a prévu les efforts qu'ils feroient pour dé-
,, crier cette œuvre merveilleuse ; il a donc pris
,, soin d'en établir la vérité, & de la mettre à

,, l'abri de toute contradiction. Pour confondre
,, le libertin, Dieu fait le miracle fur un plus
,, grand théâtre, fous les yeux de tout Paris,
,, dans la Capitale du Royaume, où perſonne
,, n'ignore combien il y a de libertins, de Deï-
,, ſtes & d'incrédules. Pour fermer la bouche aux
,, Sacramentaires, il le fait atteſter par une Prote-
,, ſtante qui confeſſe l'œuvre de Dieu, & qui néan-
,, moins perſiſte dans ſon erreur. Et pour ôter aux
,, Conſtitutionnaires tout ſoupçon de colluſion,
,, il permet que M. le Cardinal de Noailles n'en
,, ait pas fait l'uſage qu'il auroit pu en faire
,, contre ceux de ſes Diocéſains qu'on porte au
,, ſchiſme. Pour moi, Monſeigneur, je crois avoir
,, montré que j'étois en droit de le faire. Mais en
,, le faiſant, ne croyez pas que je mette le fort
,, de ma cauſe dans ce miracle. C'eſt un bien-
,, fait que je reçois avec action de graces, &
,, que je publie comme je le dois; je crois pou-
,, voir le regarder comme triomphant contre vous,
,, mais cependant je ne fais pas dépendre de-là
,, la victoire. S. Ambroiſe ne mettoit point le
,, fort de ſa cauſe dans le miracle opéré ſur l'a-
,, veugle de Milan, mais il s'en ſervoit avanta-
,, geuſement contre les ennemis de l'Egliſe. ,,

Tel eſt l'avantage & l'utilité des miracles; ils
diſtinguent ceux qui défendent la cauſe de Dieu
d'avec ceux qui la combattent; & ſans toucher
au fond des diſputes, ils fourniſſent à ceux qui ne
peuvent y entrer un moyen ſûr de connoître de
quel côté eſt la vérité. Si Dieu n'avoit pas révé-
lé à S. Ambroiſe les corps des SS. Gervais & Protais, & qu'il n'eût pas jugé à propos de faire les
miracles qui y furent faits, il n'en auroit pas été
moins vrai que ce ſaint Docteur ſoutenoit la cauſe de Dieu contre les Ariens. Les fidéles inſtruits
& attachés à leur Paſteur n'avoient pas beſoin de
ces miracles pour être perſuadés que la vérité
étoit pour lui; mais Dieu en les faiſant avertiſ-

soit les simples d'éviter les piéges des Ariens , &
de demeurer inviolablement attachés à la cause de
S. Ambroise. Ces hérétiques eurent beau faire ,
& mettre tout en œuvre pour en éluder la force ; ils furent obligés de céder à la lumiére ; &
s'ils ne furent pas convertis , du moins en de-
vinrent-ils moins furieux. C'est qu'il résulte des
miracles une impression qui se fait sentir quelquefois aux plus ardens persécuteurs , & qui leur
dicte qu'on ne doit pas maudire ceux que Dieu
bénit. Cette impression les rend plus timides , &
les empêche de suivre au moins pour quelque
tems l'impétuosité de leur mauvaise volonté. On
le voit en cette occasion dans l'Impératrice Justine qui s'abstint de poursuivre S. Ambroise. Nous
en avons vu plus haut un autre exemple dans
l'Impératrice Eudoxie à l'occasion de S. Jean
Chrysostôme ; & c'est ce qu'on a vu encore dans
le siécle dernier par rapport à Port-Royal. Les
personnes éclairées connoissoient tout le mérite
de cette maison ; elles sçavoient que tout ce qu'on
disoit pour la décrier n'étoit que de pures calom-
nies. Mais il est des hommes qui ne jugent com-
munément que sur le témoignage des autres , &
qui pouvoient croire facilement tout ce qu'on
avoit la hardiesse d'avancer impunément contre
ces saintes Religieuses. Les Puissances sur-tout
étoient plus exposées à être surprises ; & elle le
furent en effet. Dieu pouvoit alors laisser suc-
comber cette maison , comme il a fait depuis ,
sans qu'il fût moins vrai que c'étoit pour la défense de la vérité qu'elle étoit persécutée ; mais
il ne le voulut pas alors. Il sortit de son secret
par la guérison miraculeuse de Mademoiselle Perrier qui fut suivie d'un grand nombre d'autres ;
l'innocence des religieuses fut reconnue , & la
persécution suspendue pour un tems.

Il faut raisonner de même à proportion par
rapport au miracle de sainte Marguerite. Toute

perfonne inftruite avoir des moyens de connoître
que dans les difputes préfentes la vérité eft pour
les Appellans. Il ne faut pour cela que de la droi-
ture de cœur, & bien fçavoir fon Catéchifme.
Mais combien de perfonnes ignorantes, étourdies
par les clameurs des Conftitutionnaires,& frappées
des grands mots de foumiffion à l'Eglife & au fou-
verain Pontife, dont elles n'étoient pas capables de
découvrir l'abus & la fauffe application, fe font
laiffées par-là entraîner dans le fchifme? C'eft pour
ces fortes de perfonnes que Dieu s'eft montré dans
la guérifon de Madame de la Foffe. Tous ceux des
paroiffiens de fainte Marguerite qui étoient de bonne foi, & qui ne s'étoient laiffés entraîner au fchifme que par foibleffe & défaut de lumiére, profité-
rent de celle que leur donnoit le miracle; ils rentré-
rent dans l'ordre, & retournérent à leur paroiffe.
Il n'en fut pas de même de ceux qui par la mauvaife difpofition de leur cœur avoient été comme
les chefs de la révolte. Ils méritérent de demeurer
dans leur aveuglement, parce qu'ils ne voulurent pas imiter la fincérité de celui qui les y avoit
fait tomber. Ce M. Prevôt, qu'on a vu plus haut
avoir été le principal mobile de la divifion, ne
fut pas long tems fans en être troublé. Il remarqua bientôt les mauvais effets de la Conftitution
Unigenitus. Il tenoit à plufieurs des vérités qui y
font condamnées; il ne put s'en diffimuler la cen-
fure, ni l'accorder avec l'obéiffance aveugle
qu'il croyoit devoir au Pape; & par un travers affez fingulier, il crut qu'il n'y avoit pas en France affez de lumiére pour calmer fes troubles, répondre à fes difficultés, & lever fes doutes. Il prit
donc la réfolution d'aller à Rome pour fçavoir
du Pape lui-même en quel fens il falloit entendre fa Bulle. Il partit; mais il n'y arriva pas,
Dieu l'ayant appellé en chemin pour aller à fon
tribunal recevoir un éclairciffement plus décifif
que celui qu'il attendoit du Pape. La charité nous
                                                oblige

oblige de préfumer que Dieu aura bien voulu avoir plus d'égard à la difpofition de fon cœur qu'à l'erreur de fon efprit. On ne peut néanmoins s'empêcher d'être effrayé quand on voit un Prêtre, édifiant d'ailleurs, porter au jugement de Dieu le poids d'un fchifme qui a eu des fuites fi terribles par rapport à ceux qu'il a endoctrinés. Car ils n'ont point été fenfibles aux doutes qu'il a reffentis, & qui lui ont fait entreprendre le voyage de Rome. Ils n'en ont pas moins fait tous les Profélites qu'ils ont pu. Combien d'injures & d'invectives n'ont-ils pas proféré pendant vingt ans contre le Pafteur que Dieu leur avoit donné dans fa miféricorde ? Enfin fe bouchant les yeux pour ne pas voir la lumiére du miracle, & les conféquences naturelles qui en réfultent, on ne les a vu reparoître dans l'églife de leur paroiffe qu'après la mort de celui qu'ils avoient fi opiniâtrement rejetté, & que Dieu leur a enfin ôté dans fa colère. Mais admirons ici comment Dieu fe joue de la mauvaife volonté des hommes. Ces gens fi conftamment ennemis de fa caufe, fi perfévéramment fchifmatiques, ce font ceux-là qu'il oblige à rendre hommage tous les ans au miracle qui les condamne. Tous les ans ils tiennent le devant de leurs maifons tendu pour la proceffion ; ils l'ont même fait dès la premiére, à laquelle M. le Cardinal de Noailles porta le faint Sacrement. Un fimple avertiffement d'un de ces Prêtres, auxquels ils ne vouloient pas fe foumettre, a fuffi en cette occafion pour les mettre à leur devoir. C'eft ainfi que Dieu fçait fe faire obéir quand il lui plaît. Il vouloit que rien ne manquât à cette œuvre merveilleufe ; il en avoit établi la vérité par les preuves les plus inconteftables ; il voulût auffi que tout concourût à la folemnité de l'action de graces.

Pour fatisfaire à ce devoir, M. le Cardinal de Noailles avoit ordonné deux proceffions folem-

nelles; la première dans l'enceinte de la paroisse
à laquelle il porta le S. Sacrement. Elle fut fixée
au Jeudi d'après la publication de son Mandement 23 du mois d'Août. Toute la journée fut
consacrée à un office solemnel du S. Sacrement,
qui fut dans l'église de sainte Marguerite comme la première fête du miracle. On y accourut
de toutes parts sans être arrêté par une pluie vio-
lente qui dura toute la journée. On remarqua
dans le tems que Dieu fit voir d'une manière sensible combien ce zéle des peuples lui étoit agréa-
ble; car il commanda aux nuées, & la pluie
s'arrêta au moment que la procession étoit sur le
point de sortir, & elle recommença aussi-tôt
qu'elle fut rentrée. Ce n'est pas la seule fois qu'on
ait éprouvé cette faveur du Ciel. C'est un fait certain & prouvé par l'expérience, que cette procès-
sion n'a jamais manqué; & que quelque mauvais tems qu'il ait fait, la pluie a toujours ces-
fé ou avant, ou pendant le départ de la procès-
sion.

  Mais quel concours à celle qui se fit à l'Eglise Métropolitaine! Elle fut faite le Dimanche
suivant 26 Août, qu'on peut bien dire avoir été
pour les Appellans un jour de triomphe. Les Eccléfiastiques attachés à la vérité s'empressèrent d'y
venir de tous les quartiers de Paris: & entr'autres le bienheureux Diacre François de Pâris,
qui ne sçavoit pas alors que ce miracle pour lequel il étoit pénétré d'une si vive reconnoissance,
n'étoit que le prélude, & comme le signal d'une
multitude d'autres dont le plus grand nombre devoit être accordés à son intercession. La plupart de
MM. les Curés de Paris se firent un devoir &
un honneur d'y affister en étole. M. Languet
de Gergy Curé de saint Sulpice n'ayant pu s'y
trouver, il y suppléa par une lettre à M. le Curé
de sainte Marguerite, dans laquelle après l'a-
voir congratulé sur la faveur singulière que Dieu

lui avoit faite & à sa paroisse, il s'unissoit, disoit-il, à lui & à tous ses respectables confreres
de cœur & d'esprit pour en rendre graces à Dieu ;
n'y ayant que des affaires absolument indispen-
sables qui pussent l'empêcher d'assister en personne à cette auguste cérémonie. Mais il faut entendre encore M. de Montpellier en faire la des-
cription aux fidéles de son Diocèse.

« Dans les priéres d'action de graces, dit-il,
» l'église est trop petite pour contenir tous les
» fidéles qui s'y rendent de toutes parts. Plus de
» trois cens Ecclésiastiques, la plupart d'un mé-
» rite distingué, veulent lui servir (à M. Goy)
» de Clergé dans la procession solemnelle indi-
» quée à l'Eglise Metropolitaine... Toutes les
» rues sont bordées d'un peuple infini ; à peine
» peut-on entrer dans l'église de Notre-Dame.
» Chacun s'empresse de voir & l'ouaille qui a
» été guérie, & le Pasteur entre les mains de
» qui le miracle s'est opéré. Spectacle grand aux
» yeux de la foi ! *C'est ainsi que mérite d'être ho-*
» *noré celui qu'il plaira au Roi d'honorer.* (Esth. 6.)
» Unissez-vous à ce triomphe, M. T. C. F. C'est
» le triomphe de l'innocence contre la calomnie,
» de la vérité contre l'erreur. Allez, annoncez
» partout les grandes choses que Dieu a faites au
» milieu de nous. »

Que n'auroit-on pas à dire des suites de ce miracle, & de l'impression qu'il a faite dans le royaume & dans tout le monde chrétien ? Quelle joie,
quelle consolation n'a-t-il pas répandu partout ?
Quel concours de personnes de toute nation, de
tout sexe, de toute condition chez la personne
guérie, pour y admirer l'œuvre de Dieu ? A cette voix si publique & si universelle se joignit
le témoignage du Pape Benoît XIII d'heureuse
mémoire. Un souverain Pontife aussi attaché
qu'il l'étoit au dogme de la toute-puissance de
Dieu, ne pouvoit se borner à la simple admira-

tion d'une si grande merveille. Il crut que son devoir & la place éminente qu'il occupoit dans l'E-
glise exigeoient de lui quelque chose de plus. Il
envoya donc un Dominicain de confiance à Madame de la Fosse pour la féliciter en son nom sur
la grace qu'elle avoit reçue. Il lui fit donner un
chapelet en signe de communion ; & son zéle
pour les miracles l'ayant porté à faire voir dans
un de ses écrits * qu'ils n'ont point cessé dans
l'Eglise , après l'avoir prouvé pour le dix-septié-
me siécle par le miracle de la sainte Epine sur
Mademoiselle Perrier , il eut soin d'apporter encore celui-ci en preuve pour le dix-huitiéme.

Enfin le Roi lui-même dans une occasion importante témoigna combien il en étoit touché.
Il arriva en 1725 une espéce de sédition au fauxbourg S. Antoine à cause de la cherté du pain. On
y arrêta un homme connu de Madame de la Fosse ;
il fut mis en prison , & alloit servir d'exemple.
Dans une situation si fâcheuse Madame de la Fosse affligée du désastre de cette pauvre famille ,
prit la résolution de s'aller jetter aux piés du Roi
pour demander sa grace. Elle l'obtint : Comment ,
lui dit le Roi, pourrois-je vous refuser cette grace , vous qui en avez obtenu de Dieu une si grande ? Il faut placer ici la judicieuse réflexion d'un
célébre Prédicateur de Paris sur les miracles de
S. Séverin à la Cour du Roi Clovis. Alors, disoit-il , on n'étoit pas encore disposé à la Cour
à condamner les miracles. Pourquoi les y a-t-on
condamné depuis ? ce n'est pas au Roi trés-Chré-
tien qu'il faut attribuer ce mal , mais aux ennemis déclarés de tout bien, à qui Dieu , par un
jugement qu'il ne nous est pas permis de pénétrer ,
a laissé le pouvoir de surprendre sa religion , &
de l'empêcher de voir la liaison essentielle qui se
trouve entre ce premier miracle dont il a été si
frappé , & ceux qui ont été faits depuis, qui en

* Continuation des Homélies sur l'Exode.

font une fuite, & avec lefquels il ne forme qu'un
feul tout. C'eft ici un autre point de vue dans lequel il faut confidérer le miracle de fainte Marguerite. Ecoutons encore M. de Montpellier nous
inftruire fur cet article non moins intéreffant ,
ni moins néceffaire que les précédens ; c'eft dans
fon Inftruction Paftorale fur les miracles des Appellans.

« Entrons , dit il , dans l'examen de la con-
» duite que Dieu tient pour venir au fecours de
» fon Eglife. Pefons les différentes circonftances
» qui accompagnent les miracles ; confidérons les
» voies finguliéres que Dieu emploie pour con-
» ftater fon œuvre.. D'abord c'eft un miracle fait
» par Jefus-Chrift même entre les mains d'un de
» fes Miniftres connu pour fon oppofition à la
» Bulle *Unigenitus.* Voilà le fignal , & comme le
» premier rayon de la lumiére qui va fe lever fur
» nous. Les véritables Auteurs des maux de l'E-
» glife l'apperçoivent ; & dans leur frayeur ils
» nient , ils contredifent , ils blafphêment. D'au-
» tres plus retenus difputent fur les conféquen-
„ ces , & ne prétendent y trouver que la condam-
„ nation du libertin & de l'hérétique. *Dans le mi-*
„ *racle opéré à Paris* , difoit M. de Sens alors Evê-
„ que de Soiffons, *y a-t-il aucune marque qui puif-*
„ *fe le rapprocher de M. de Montpellier ? Ce n'eft*
„ *point dans le Diocèfe de Montpellier qu'arrive ce*
„ *prodige ; ce n'eft point fur une perfonne déclarée*
„ *pour fon parti ; ce n'eft point en témoignage de la*
„ *vérité du parti des Appellans que ce miracle a été*
„ *demandé & obtenu ; aucun Appellant n'y a part,*
„ *ni par l'invocation , ni par le confeil ; comment*
„ *M. de Montpellier veut-il qu'on y reconnoiffe*
» *fon Apologie ?* „

« Que les penfées des hommes font vaines !
» Vous voyez ici , M. F. , l'accompliffement de
» cette parole , (Job. 5. 13.) *Je furprendrai les*
„ *fages par leur fauffe prudence.* Dieu tire de la

,, bouche de M. de Sens un aveu dont il ne pré-
,, voyoit pas alors toutes les suites. Quand ce
,, Prélat écrivoit ce que vous venez d'entendre,
,, il y avoit une lumiére qui lui dictoit que des
,, miracles qui auroient tous les caractéres dont
,, il fait l'énumération, prouveroient pour nous.
,, Le défi est rempli. Ne nous arrêtons pas à ce
,, que peut dire aujourd'hui M. de Sens ; arrê-
,, tons-nous à ce qu'il disoit quand la vérité se
,, montroit à lui, & qu'il ne la croyoit pas con-
,, tre lui. Quoique son esprit ne fût pas exempt de
,, préjugés, & qu'il posât dès-lors des principes
,, qui tendoient à nier les conséquences les plus
,, naturelles des miracles, cependant il n'auroit
,, eu garde de s'avancer jusqu'au point que nous
,, venons de voir, s'il avoit prévu ce qui est ar-
,, rivé depuis. Mais Dieu prévoyoit ce qu'il de-
,, voit opérer ; & parce qu'il sçavoit que les dé-
,, fenseurs de la Bulle contrediroient ses œuvres,
,, quoiqu'il remplît exactement toutes les condi-
,, tions qu'ils exigeoient pour s'y soumettre, il
,, leur fait prononcer contre eux-mêmes leur con-
,, damnation par avance, & nous met en état
,, de les percer de leurs propres traits. Ainsi le
,, premier miracle est comme un piége que la
,, Sagesse divine tend à ceux qui se piquent de
,, sagesse parmi les enfans des hommes. Ils in-
,, terrogeront, ils presseront, ils demanderont
,, avec insulte des miracles plus clairs ; & tandis
,, qu'ils s'applaudiront dans la confiance qu'il
,, n'en arrivera point, celui qui habite dans les
,, cieux se rira d'eux ; & maître de tout, il les
,, fera tomber dans la fosse qu'ils auront creu-
,, sée pour nous y ensevelir. ,,

" C'est ce qui est encore arrivé à l'Auteur de
,, deux lettres impies contre le miracle dont nous
,, parlons. Si nous voyions de nos jours, disoit-
,, il, plusieurs événemens merveilleux ; si c'é-
,, toit des guérisons de divers genres, tantôt un

,, paralytique qui marche, tantôt un aveugle qui
,, recouvre la vue, tantôt quelqu'autre effet de
,, cette nature, l'on ne pourroit méconnoître en
,, cela le doigt de Dieu. Mais que l'on fasse
,, tant de bruit d'un fait unique, & aussi équi-
,, voque que celui-ci, franchement c'est aimer
,, beaucoup le merveilleux. ,,

«: Voilà un témoin qu'on ne recusera pas : pour
,, juger de la force de son témoignage, il faut
,, le prendre dans le tems qu'il prophétisoit sans le
,, sçavoir. Alors il lisoit dans le sein de la vérité
,, même, que si de nos jours il s'opéroit des gué-
,, risons en faveur des Appellans, l'on ne pour-
,, roit y méconnoître le doigt de Dieu. Profitons
,, de l'aveu de l'Auteur, & disons que puisque
,, les aveugles voient, que les sourds enten-
,, dent, que les muets parlent, que les paraly-
,, tiques sont guéris, le royaume de Dieu est
,, parvenu jusqu'à nous; & ne cessons d'admirer
,, cette profonde Sagesse qui commence par choi-
,, sir pour déposer en faveur de ses œuvres mi-
,, raculeuses, ceux qu'elle sçait devoir y être le
,, plus opposés. ,,

" Dieu n'est sorti que peu-à-peu de son secret.
,, Après le premier miracle opéré par Jesus-Christ
,, même entre les mains d'un Appellant, en voici
,, d'autres plus marqués & plus difficiles à élu-
,, der. Dieu les fait par l'intercession de deux
,, hommes que l'amour de la vérité nous avoit
,, attachés. L'un est un Prêtre mort Appellant de
,, la Bulle *Unigenitus.* * Le second est un Dia-
,, cre mort Appellant, réappellant de la Bulle,
,, & adhérant nommément à notre cause dans
,, l'affaire du Formulaire. ** En ce moment ré-
,, presentez-vous, M. F., la surprise de nos ad-
,, versaires : des miracles aux tombeaux des Ap-
,, pellans ! On ne nous demande plus de quel droit
,, nous nous approprions ces miracles ; quel est

* M. Rousse.   ** M. François de Pâris.

,, le simple qui n'y reconnoisse notre apologie ?
,, Mais nos adversaires ne sont pas convertis. Sans
,, changer d'esprit, ils changent de langage : ils
,, prétendent que les guérisons que nous produi-
,, sons n'ont rien de surnaturel, qu'elles sont len-
,, tes, & l'effet ordinaire de la nature ; & mar-
,, quant les conditions que doit avoir une gué-
,, rison pour être censée miraculeuse, ils décla-
,, rent qu'il faut que le mal soit incurable, ou
,, que la guérison soit subite. Nouveau piege dans
,, lequel la sagesse humaine va être confondue.
,, Jusques-là les miracles étoient peu fréquens :
,, depuis ce moment Dieu les fait avec une pro-
,, fusion, une continuité & une variété éton-
,, nantes ; il les fait sur tant de personnes, en
,, tant de lieux, & d'une maniere si publique, qu'il
,, force l'incrédulité même de lui rendre témoi-
,, gnage. On demande des guérisons subites,
,, Dieu en fait ; on demande des guérisons de
,, maux incurables, il y en a, & même en grand
,, nombre. ,,

Les réflexions sont ici inutiles. Il ne nous reste
pour achever tout ce qui regarde le sujet qui
nous occupe que de rapporter deux endroits im-
portans du même ouvrage. Ce sont deux descri-
ptions vives & éloquentes ; l'une, du spectacle
édifiant que présentoit le tombeau du bienheureux François de Pâris lorsque l'entrée en étoit
libre ; l'autre, de la persécution excitée contre
les miracles.

" Quel spectacle, s'écrie M. de Montpellier,
,, pour ceux qui ont des yeux ! cette cause si peu
,, connue des uns, si méprisée des autres, si in-
,, différente à la plupart, commence à recevoir
,, une gloire que les hommes ne peuvent lui ra-
,, vir. De toutes parts on accourt au tombeau
,, du Serviteur de Dieu. Les grands, les petits,
,, les riches, les pauvres, les sçavans, les sim-
,, ples, les hommes de tout âge, de tout sexe.

„ de toute condition , les étrangers même , du-
„ rant tout le tems que l'accès en eſt libre, s'y
„ rendent avec empreſſement , & forment une
„ cour qui par le nombre de ceux qui la com-
„ poſent , la qualité des vœux que l'on y porte ,
„ la pureté des motifs qui la font agir, ne trouve
„ rien qui ne lui cede dans les palais des Rois
„ & des Princes de la terre. Plus on fréquente
„ ce lieu reſpectable , plus on déſire de le revoir.
„ Une ſainte horreur ſaiſit en y entrant. La foi ,
„ le reſpect, le recueillement , tout annonce
„ que Dieu y habite. Les juſtes s'y épanchent
„ en actions de graces continuelles ; les pécheurs
„ y fondent en larmes; les indifférens ſe ſentent
„ émus & attendris ; les libertins s'en retourneut
„ frappant leur poitrine. Le peuple plein de crain-
„ te & de frayeur n'interrompt la pſalmodie que
„ pour annoncer par des cris & des larmes de
„ joie les miracles dont il eſt témoin. *Inde lau-*
„ *des.* Ceux qui ne peuvent avoir la conſola-
„ tion de viſiter le lieu ſaint, y aſſiſtent en eſ-
„ prit, & reçoivent avec reſpect la terre qui a
„ ſervi à couvrir le corps de l'homme de Dieu.
„ Dans quel lieu ſes reliques ne ſont-elles pas
„ parvenues? Qui pourroit faire l'énumération
„ de toutes les perſonnes qui ſe ſont miſes ſous
„ ſa protection? „

" Quelle école! ſans écrit, ſans livres, ſans
„ ouvrages polémiques, Dieu inſtruit en un mo-
„ ment des milliers de fidèles de la cauſe la plus
„ importante qu'il y ait dans le monde. On
„ chaſſe les Docteurs, on ferme les Séminaires,
„ on détruit les Colléges ; & le tombeau d'un
„ homme qu'on mépriſe devient une chaire où
„ la vérité même ſe fait entendre d'une ma-
„ niére plus merveilleuſe. Elle y forme ſes Diſ-
„ ciples, elle y prononce ſes oracles; elle y dé-
„ cide que la Bulle eſt telle que nous l'avons re-
„ preſentée dans notre acte d'Appel ; que notre

,, cauſe eſt la cauſe de Dieu ; que les Sentences
,, lancées contre nous ſont injuſtes ; que quelque
,, crédit qu'aient nos adverſaires ſur la terre, ils
,, n'en ont aucun pour nous fermer le Ciel ; que
,, ce ſont eux qui ont le cœur ſchiſmatique ,
,, quand ils portent le faux zèle juſqu'à vouloir
,, ſe ſéparer de notre communion , & faire ef-
,, fort pour nous retrancher de la leur. Qu'on in-
,, terroge le ſimple au ſortir de cette école pleine
,, de merveilles ; que le défenſeur de la Bulle lui
,, demande ce qu'il penſe de l'Appellant qui y
,, repoſe , il n'en recevra d'autre réponſe que
,, celle de l'aveugle-né : *Si cet homme n'étoit point*
,, *de Dieu , il ne pourroit rien faire de ce qu'il fait.*
,, Le défenſeur de la Bulle irrité nie qu'il ſe
,, faſſe aucun miracle en ce lieu ſacré ; le peuple
,, voit le contraire , & il rend gloire à Dieu....
,, Voilà, M. T. C. F. l'effet que les miracles pro-
,, duiſent ſur le peuple. Ils éclairent , ils tou-
,, chent , ils convertiſſent ceux à qui Dieu veut
,, faire miſericorde. Mais il y a un monde ſur
,, lequel ils produiſent un effet tout oppoſé... Les
,, miracles ont certains ; la contradiction que les
,, miracles éprouvent ne l'eſt pas moins. ,,

« Vingt huit Curés du Diocèſe de Reims, frap-
» pés des miracles que Dieu opére au tombeau
,, de M. Rouſſe., préſentent requête à leur Ar-
,, chevêque pour demander que l'on informe juri-
,, diquement touchant la vérité ou la fauſſeté de
» ces miracles ; point de réponſe. Vingt-quatre
,, Curés de Paris font la même choſe pour les
,, miracles de M. de Pâris ; point de réponſe. On
,, menace, on interdit , on exile, on empriſonne.
,, Les bienfaits de Dieu deviennent des titres
,, pour être recherché comme criminel. L'aveu-
,, gle qui voit , le ſourd qui entend , le muet qui
,, parle, le boiteux qui marche, ſont punis pour
,, avoir eu la foi qui obtient les miracles. A l'om-
,, bre d'une nouvelle procédure pleine d'irrégula-

,, rités, on surprend des ordres pour fermer l'en-
,, trée du lieu saint où s'opèrent tant de merveil-
,, les. On remplit de gardes & d'archers le tem-
,, ple du Seigneur. On saisit les malades, on les
,, chasse, on les poursuit... Faut-il d'autres preu-
,, ves de la vérité des miracles ! Quand on ne se
,, défend contre les miracles que par des coups
,, d'autorité, les miracles par cela seul acquié-
,, rent un dégré de certitude qui équivaut à tou-
,, tes les demonstrations. ,,

De tout ce qu'on vient de lire de M. de Montpellier il résulte que Dieu en opérant le miracle
de sainte Marguerite a eu d'autres vues que la guérison de Madame de la Fosse ; qu'en récompen-
sant la foi de cette femme, il a voulu en même-
tems nous donner des preuves de sa vigilance
sur son Eglise, & de son attention à venir au
secours de ses serviteurs affligés & persécutés ;
qu'il a pris lui-même en cette occasion la défense de sa cause, & qu'il l'a jugée en faveur des
Appellans; que cette œuvre merveilleuse condamne également le libertin, l'hérétique & le faux-
frère; qu'elle est un effet de la profonde sagesse
de Dieu qui a tendu aux Constitutionnaires un piége dans lequel ils se sont pris eux-mêmes par leur
fausse prudence, en se persuadant que Dieu ne
pouvoit faire de miracles ni en faveur des Appellans, ni par leur intercession ; qu'il ne faut point
par conséquent séparer les autres miracles de celui-ci, ni celui-ci des autres, puisqu'ils ne font
tous ensemble qu'une seule & même œuvre infiniment précieuse & consolante, à laquelle tout
chrétien doit s'intéresser, pour laquelle il doit
rendre à Dieu le tribut de sa reconnoissance, &
avec l'Eglise ses actions de graces publiques &
solemnelles.

C'est dans cette vue que l'on doit célébrer tous
les ans la fête que la divine providence a fait
ériger dans la Paroisse de sainte Marguerite le

Dimanche dans l'Octave du faint Sacrement, &
affifter à la proceffion par laquelle on la termine.
Quoiqu'on ne puiffe pas dire qu'il foit d'obligation pour tout fidéle de fe trouver à cette cérémonie, il eft vrai néanmoins que ceux qui aiment
l'Eglife, qui s'intéreffent à fes biens & à fes maux,
& qui n'ont point d'ailleurs d'empêchement, ne
devroient pas s'en difpenfer. Un chrétien inftruit
ne peut ignorer combien Dieu eft jaloux de la
louange qui lui eft due pour les œuvres miraculeufes de fa toute-puiffance; & parce que l'homme
ennemi empêche de la lui rendre d'une maniére
folemnelle pour tous les autres miracles, ce chrétien, s'il a du zèle, ne peut laiffer paffer le feul
jour que la providence lui fournit pour cela, fans
fatisfaire de toute la plénitude de fon cœur à ce
devoir. M. de Montpellier après avoir parlé avec
éloge de ceux qui affiftérent avec tant d'ardeur
à la Proceffion d'action de graces, exhorte les
fidéles de fon Diocèfe à s'unir en efprit à ce
triomphe. Que n'auroit-il pas ajouté s'il eut parlé à des perfonnes qui euffent été fur les lieux,
pour les porter à ne fe pas contenter d'une affif-
tance en efprit feulement? Que ne leur auroit-il
pas dit pour les engager à ne pas laiffer ralentir
leur zèle, & à ne pas négliger chaque année une
démarche qui doit être regardée comme une
marque publique de reconnoiffance envers Dieu,
un fujet d'édification pour le prochain, & un témoignage à la vérité?

Ce témoignage devient aujourd'hui d'autant
plus néceffaire qu'il s'eft introduit dans la Paroiffe
de fainte Marguerite des abus qui tendent à diminuer la folemnité de cette fête, & à ôter de la
Proceffion, s'il étoit poffible, l'idée du miracle
qui en eft l'objet. Il y a déja plus de douze ans
qu'on ne chante plus à l'Office les Hymnes du
miracle, quoiqu'elles y euffent toujours été chantées par un ufage conftant depuis le commence-

ment. * Quelques perſonnes prétendent qu'on a

* On s'eſt peut-être autoriſé dans cette entrepriſe de la
forme d'approbation donnée à la mémoire du miracle. Sur
quoi il faut reprendre les choſes de plus haut. M. le Cardinal de Noailles, qui avoit ordonné cette mémoire, vouloit qu'on fît chaque année par une Fête ſolemnelle ſemblable à celle qui s'étoit faite le Jeudi qui ſuivit la publication du miracle, dans laquelle il porta lui-même le
ſaint Sacrement en proceſſion. Mais ayant référé cette affaire à l'Aſſemblée des Rits, ceux qui la compoſoient en-
traînés par M. Vivant qui en étoit Préſident, décidérent
qu'il ſuffiſoit d'en faire une ſimple commémoration dans
l'Office du Dimanche, avec la lecture de l'hiſtoire du miracle pour neuvième leçon à Matines, & au ſoir une proceſſion ſolemnelle à laquelle on chanteroit les trois Hymnes compoſées par M. Coffin; & M. le Cardinal l'approu-
va ainſi. Cependant on ne s'eſt jamais conformé dans la
Paroiſſe de ſainte Marguerite à cette déciſion de l'Aſſemblée des Rits, ſinon en ce qu'on liſoit l'hiſtoire du miracle
pour neuvième leçon. Du reſte tout l'Office étoit ſolemnel,
& avoit pour objet le miracle autant qu'il étoit poſſible ſans
avoir d'office propre; c'eſt-à-dire, qu'on faiſoit l'Office du
ſaint Sacrement avec les Hymnes, Verſets, Antiennes &
Oraiſon du miracle, après quoi on faiſoit mémoire du Dimanche. La première Grand'Meſſe étoit du Dimanche ſans
aucune mémoire, & la Meſſe ſolemnelle étoit du ſaint Sacrement avec les ſeules Oraiſons du miracle, ſelon la régle des grandes Fêtes qui arrivent le Dimanche. M. le Cardinal de Noailles n'a jamais déſapprouvé cette conduite
qui étoit la plus conforme à ſa première intention. Lorſque M. de Vintimille donna le nouveau Bréviaire, on
fit un propre des Offices de la Paroiſſe conforme à ce bel
ouvrage; & on propoſa un Office pour la Fête du miracle.
Le Prélat avant de l'approuver ſe fit repréſenter l'original
de l'approbation de ſon Eminentiſſime prédéceſſeur; & n'y
ayant trouvé qu'une ſimple mémoire, il ne voulut donner ſon approbation que ſous cette forme. C'eſt ainſi que
cette mémoire ſe trouve dans le propre imprimé de ſainte
Marguerite avec les trois Hymnes pour la proceſſion. Cela
néanmoins ne changea rien à l'Office ſolemnel que l'on con-
tinua de faire du ſaint Sacrement avec les Hymnes du miracle, au défaut de l'Office propre que M. de Vintimille
n'avoit pas voulu approuver. Cet uſage a toujours été ſi
univerſellement reconnu & autoriſé, que M de Vintimille
lui-même n'a jamais reclamé contre, & que tous les Pré-
dicateurs généralement quels qu'ils aient été ſe ſont fait un

continué à les chanter à la Procession pendant quelque tems. Mais c'est un fait certain & public que

devoir de parler du miracle, au moins dans leur exorde, comme de l'objet de la Fête qui assembloit les peuples en ce jour dans l'église de sainte Marguerite. Il n'en faut excepter qu'un qui ne jugea pas à propos d'en dire un seul mot, comme si ç'eut été un objet totalement étranger à l'église dans laquelle il prêchoit, (c'étoit un Jésuite.) Ce fut vers 1747 ou 1748. L'époque mérite d'être remarquée. La mort de M. Goy arrivée en 1738 n'apporta aucun changement. Pendant près de trois ans que la Cure a été vacante, M. le Desservant a très-scrupuleusement observé de ne toucher à rien de ce qu'il avoit trouvé établi dans la paroisse. Il arriva même de son tems un petit fait qu'il est bon de rapporter, parce qu'il prouve combien cette manière de célebrer la Fête du miracle étoit alors respectée de toutes sortes de personnes. En 1740 le Dimanche dans l'Octave du saint Sacrement tomba le 19 du mois de Juin jour des SS. Martyrs Gervais & Protais. On célébra la veille à l'ordinaire les premieres Vêpres solemnelles du miracle. Après la mémoire du Samedi, quelques uns prétendirent qu'il falloit faire celle des SS. Martyrs; d'autres prétendirent que non. On s'en rapporta là-dessus au jugement du Maître des Cérémonies. C'étoit l'homme du monde peut-être le plus ignorant & le plus prévenu. Cependant malgré toutes ses préventions, il décida en bon rubricaire que la Fête du miracle étant un Solemnel-Majeur du Seigneur, il ne falloit pas faire d'autre mémoire que celle du Samedi ; & cette année-là on ne fit rien des SS. Martyrs. M. Foubert étant devenu Curé, ne manqua pas d'observer religieusement cette solemnité, telle qu'il la trouva établie. Ce fut même sous son gouvernement que fut placé dans le sanctuaire le marbre orné sur lequel est écrite en lettres d'or l'histoire du miracle, l'ancien monument ne subsistant plus.

C'est sur tous ces faits, qu'on tient de personnes dignes de foi & qui ont été témoins de tout, qu'il faut juger de la suppression des Hymnes, soit à l'Office, soit à la procession. La forme d'approbation ne peut la justifier en aucune manière. Elle ne peut l'excuser par rapport à l'Office ; parce que c'est un principe universellement reçu, & qui a été littéralement suivi & par M. le Desservant, & par M. Foubert, que dans les choses qui ne touchent ni la foi, ni les mœurs, on doit se conformer à l'usage des lieux. Mais en supposant même, ce qui n'est pas, qu'on eut été en droit de changer un usage si ancien, & si bien établi, parce qu'il n'est pas conforme à la décision de l'Assem-

depuis plusieurs années elles n'y sont plus chantées
par le Clergé, mais seulement par le peuple qui est
à la suite du saint Sacrement. De quelque principe que parte cette innovation, on ne peut la
regarder que comme une entreprise très-injurieu-
se à Dieu. Nous avons vu avec quel soin Dieu avoit
fait constater le miracle, & en avoit mis la vérité
au-dessus de toute contradiction, avec quel éclat il
l'avoit fait publier, & par quels moyens il avoit
voulu qu'on en conservât le souvenir. Des Hymnes
composées dans cette vue, & chantées pendant
plus de vingt-ans tant à l'office qu'à la procession,
entroient visiblement dans cet ordre des desseins de
Dieu. Les supprimer, c'est donc s'opposer à ces
desseins adorables ; c'est tenter d'en empêcher l'effet ; c'est vouloir faire tomber dans l'oubli le bienfait dont Dieu vouloit être loué d'âge en âge. Mais
que peuvent les hommes contre un Dieu tout-puis-
fant ? Depuis que le Clergé ne chante plus les
Hymnes à la procession, ont-elles cessé pour cela
d'y être chantées ? Dieu ne s'est-il pas toujours
suscité un peuple édifiant qui s'est exactement acquitté de ce devoir, & qui a constamment réclamé contre l'abus ? Si le bon ordre & le respect
pour le lieu saint ne permettent pas d'y faire ce
qui se fait à la procession sans aucun inconvénient, ne peut-on pas dire que Dieu y a suppléé
en quelque façon, & qu'il s'est suffisamment expliqué sur la suppression des Hymnes de l'Office par
un événement remarquable arrivé peu de tems après
qu'elles en furent retranchées. Ce retranchement

blée des Rits qui n'a jamais fait loi sur cet article, on devoit
donc du moins ne pas retrancher ces Hymnes de la procession, puisque cette Assemblée les a approuvé précisément
pour y être chantées. C'est aux personnes qui sont à portée
de voir tout ce qui se passe à sainte Marguerite, à examiner si c'est à cela seul que se borne l'entreprise du Clergé,
& si on est exact d'ailleurs à dire les Oraisons du miracle à
toutes les Messes, & à en lire l'Histoire pour la neuvième leçon des matines.

s'eſt fait en 1746 ou 1747 au plus tard; & dès 1750 M. Dugué Amauri légua par teſtament à la fabrique de ſainte Marguerite la ſomme de 60 liv. de rente annuelle à titre de fondation pour les frais du repoſoir qui ſe fait à l'endroit où la guériſon miraculeuſe a été commencée. Ce repoſoir avoit été fait juſqu'alors par des perſonnes de bonne volonté. Mais cette première génération témoin du miracle étant paſſée, cette bonne œuvre auroit peut-être pu dans la ſuite courir les mêmes riſques que les Hymnes dans la bouche du Clergé; Dieu y a pourvu, en choiſiſſant des exécuteurs plus fidéles de ſes volontés. Voilà donc la fabrique qui ne meurt pas, chargée de cette œuvre importante par un acte autentique, & engagée par devoir à exécuter fidélement chaque année les pieuſes intentions du teſtateur. Peut-on ne pas reconnoître ici la main ſecrette d'un Dieu jaloux de ſa gloire, qui pendant qu'on la lui ôte par le retranchement des Hymnes conſacrées à la célébrer, ſçait ſe la faire rendre d'une autre maniére, & ſe l'aſſurer pour les tems à venir contre les vains efforts des hommes.

Mais quel eſt celui à qui Dieu a inſpiré le pieux deſſein de cette fondation? c'eſt un ſaint pénitent, qui depuis le moment qu'il fut touché de Dieu, ne s'appliqua qu'à ſe faire oublier des hommes, & qui s'enſevelit dans la plus profonde retraite pour y mener une vie de priére & de mortification. C'eſt un ſolitaire charitable, qui n'a point fait difficulté d'interrompre ſa retraite pour ſe prêter aux beſoins des pauvres en ſe chargeant de la fonction de Tréſorier dont il s'eſt acquitté avec un zéle, une exactitude & un déſintéreſſement qui ont peu d'exemples. C'eſt un juſte plein de bonnes œuvres, dont la mémoire, ſelon l'expreſſion du Prophéte, ſera éternelle; & toujours en bénédiction dans la paroiſſe de ſainte Marguerite par les ſervices qu'il lui a rendus, & par la piété exemplaire dont il l'a

toujours

toujours édifié. C'eſt-là l'homme que Dieu a ſuſ-
cité pour rendre un témoignage perpétuel à ſon
œuvre dans un tems où on commençoit à vouloir
l'obſcurcir. Un tel exemple eſt bien capable de
faire impreſſion ſur les cœurs chrétiens , & de les
porter à célébrer la mémoire du miracle avec toute la piété qu'exige une œuvre qui eſt l'objet d'u-
ne application ſi marquée & d'un ſoin ſi particulier de ſa divine Providence. On entrera ſans
peine dans ces ſentimens , ſi à un ſi bel exemple on joint une lecture réfléchie de tout ce que
M. de Montpellier a écrit ſur ce miracle , & ceux
qui l'ont ſuivi. Ce ſont tous les beaux endroits
qu'on en a rapportés qui ont fait naître l'idée d'un
Office pour cette fête avec une Octave aſſortie aux
réflexions vraies , lumineuſes & ſolides que ce
grand Evêque fait ſur la conduite de Dieu.

Ordre de l'Office.

L'Objet des premiéres Vêpres eſt d'expoſer à
Dieu les maux de l'Egliſe, & de lui demander
un prompt ſecours, dans la ferme confiance qu'il ne
différera pas de l'accorder ; confiance fondée ſur
les promeſſes de Dieu , ſur la proximité d'un miracle qu'il prépare depuis long-tems, & qui doit
être ſuivi de pluſieurs autres. On a tâché d'aſſor-
tir à ce plan les Antiennes, le Répons & l'Hymne. On y a auſſi aſſigné des Pſeaumes propres ſur
le modéle des premiéres Vêpres de la Pentecôte
dans le Bréviaire de Paris , & une Oraiſon pour
demander à Dieu de célébrer dignement la Fête
dont on commence la ſolemnité. On voit aiſé-
ment que tout ceci ſe rapporte au tems qui a pré-
cédé immédiatement le miracle de ſainte Marguerite. On peut auſſi regarder ces deux Offices des

d

Vêpres & Complies de la veille , comme le commencement d'une neuvaine qui finira avec l'Office de l'Octave.

A l'Office de la nuit commence l'hiftoire de la guérifon de Madame de la Foffe , que l'on continue jufqu'au dernier répons inclufivement , felon les circonftances rapportées dans le Mandement de M. le Cardinal de Noailles. Les deux premiéres Leçons du premier Nocturne font tirées du chap. 42 d'Ifaïe. On y reconnoîtra les maux que la Bulle *Unigenitus* a faits dans l'Eglife , & la caufe pour laquelle Dieu les a permis , qui n'eft autre que nos péchés ; mais parce que la juftice de Dieu eft toujours accompagnée de miféricorde , pour nous confoler dans cette épreuve il nous rappelle le fouvenir des anciens miracles aufquels il promet d'en ajouter de nouveaux ; c'eft ce qu'il déclare dans le chapitre 43 dont eft tirée la troifième Leçon , & ce qu'il a exécuté en opérant le miracle qui eft l'objet de cette Fête , & tous ceux qui l'ont fuivi.

Au fecond Nocturne on s'eft fervi de la Légende qu'on lit à fainte Marguerite , qui a été retouchée pour y rendre plus fenfibles les trois principales vues de Dieu dans le miracle , & y faire entrer une circonftance remarquable qui ne s'y trouve point , quoiqu'elle foit dans la narration de M. le Cardinal de Noailles.

Au troifième Nocturne , on lit l'Evangile de l'Hémorroïffe felon S. Marc , avec une belle Homélie de S. Ambroife , qui femble avoir été faite fur la guérifon miraculeufe dont il s'agit.

L'Office des Laudes du matin & les petites Heures contiennent les louanges & les actions de graces. On a mis pour les Laudes des Pfeaumes qui y ont rapport , comme on en a auffi affigné de propres pour l'Office de la nuit , & affortis autant qu'on l'a pu aux Antiennes.

On a cru devoir mettre pour l'Office une Oraison qui contînt en abregé les effets du miracle, & qui le préfentât rélativement à tous les autres. On a néanmoins confervé pour la Meffe l'Oraifon qui fe dit à fainte Marguerite, parce qu'on a partagé dans la Collecte, la Secrette & la Poft-communion, les trois objets qu'on réunit dans celle de l'Office.

Les fecondes Vêpres comprennent la publica-tion du miracle, & les conféquences qu'il en faut tirer, furtout par rapport à l'unité d'efprit & de fentiment. Nous ne dirons rien davantage là-def-fus. La lecture de l'Office en fera la preuve; & on a lieu de croire que ce plan s'y trouvera fidéle-ment exécuté.

On a auffi dreffé un ordre particulier de priéres pour la Proceffion folemnelle qui fe fait après les Complies. On s'y eft exactement conformé à l'ar-rangement du beau & édifiant Proceffionnal de Paris. On a repris en abregé le plan de tout l'Of-fice, fans néanmoins en rien répéter que les Hym-nes. On commence par adorer Jefus-Chrift, & fe lever pour fortir avec lui, comme s'il alloit opérer le miracle. Depuis l'églife jufqu'à la pre-miére Station qui fe fait à la porte de la maifon où demeuroit alors Madame de la Foffe, on s'oc-cupe de la prière qu'elle fit, & du commencement de fa guérifon arrivée précifément en ce même lieu. La confiance qu'elle a eu d'être parfaitement guérit en entrant dans l'églife de la Paroiffe, & fa parfaite guérifon, font l'objet des Répons, Cantiques & Hymnes jufqu'à l'églife de l'Abbaye S. Antoine, aux approches de laquelle on fait une action de graces folemnelle pour tous les au-tres miracles, qui fe termine par l'Antienne, le ℣. & l'Oraifon de la Station au Maître Autel de cette Abbaye. Et comme c'eft la coutume de porter le faint Sacrement à la grille des Religieufes, on a marqué pour cette Station une Antienne & une Oraifon qui y ont rapport. La circonftance de la guérison achevée à l'entrée de l'église Paroissiale, fait l'objet du répons, du Pseaume & de l'Hymne pour le retour de l'Abbaye S. Antoine à la Paroisse. Cette Hymne est une invitation aux libertins de renoncer à leur incrédulité, & aux Schismatiques de revenir à l'unité ; deux objets du miracle que M. Coffin n'a pas touché dans sa troisième Hymne, qui ne paroît être adressée qu'aux Protestans. Enfin on a mis pour la rentrée de la Procession le ℟. *Unus panis*, tiré du Bréviaire, parce qu'il est tout-à-fait propre à nous faire recüeillir le fruit du miracle, & qu'il a un rapport essentiel avec l'Hymne qui le précéde. On y a aussi été déterminé par un trait d'histoire qu'il n'est pas hors de propos de rapporter ici.

Nous avons dit plus haut que les circonstances dans lesquelles le miracle de sainte Marguerite a été opéré, étoient les mêmes que celles où étoit Port-Royal, lorsqu'est arrivé le miracle de la sainte Epine sur Mademoiselle Perrier. Ceux qui étoient les auteurs des troubles de ce tems-là, le sont encore de ceux qui nous affligent aujourd'hui. La cause que soutiennent les Appellans est la même que soutenoit P. R. Ces saintes Religieuses, après plusieurs années de combats, d'exils, de captivité en des maisons étrangères, & autres sortes de vexations qu'on fit souffrir à plusieurs d'entr'elles, furent pendant plus de trois ans toutes renfermées, & retenues comme prisonniéres dans leur propre maison, gardées par des soldats, privées de toute communication au dehors, & au dedans de tous les secours spirituels même à la mort ; leur église interdite pour le chant & pour tout Office solemnel. Tout le monde sçait avec quelle constance elle soutinrent une si longue & si dure épreuve. Elle cessa enfin à la paix donnée à l'Eglise par le Pape Clément IX. de concert avec le Roi Louis XIV. Alors sans avoir changé de sentiment, & sur la même

fignatûre qu'elles avoient offerte dès le commencement , elles furent rétablies dans la participation des Sacremens, & l'interdit de l'églife fut
levé. Cela fe fit le 18 Février 1669. Le fecond du
mois de Mars fuivant , M. Arnaud arriva à P. R. ;
& le lendemain Dimanche de la Quinquagéfime,
M. le Curé de Magny-Leffart, pour témoigner
la part qu'il prenoit au rétabliffement de ces faintes filles, vint en proceffion chanter la Grand'-
Meffe dans leur églife. Ce fut le premier qui leur
donna cette confolation, comme c'étoit auffi celui
qui avoit pris plus de part à leur perfécution. Il
avoit eu foin de célébrer dans fon églife un Service folemnel pour chacune des Religieufes qu'on
avoit laiffé mourir fans Sacremens, & qu'on n'avoit
pas voûlu enterrer avec les cérémonies ordinaires. La proceffion de Magny arriva donc, & elle
entra dans l'églife en chantant ces paroles du ꝶ.
Unus panis: Omnes qui de uno pane , &c, c'eft-à-
dire, *Nous qui participons au même Pain & au*
même Calice. M. Arnaud difoit alors la fainte
Meffe, & en étoit au Canon. Le Clergé de Magny n'ayant pas interrompu le chant, pourfuivit
pendant l'élévation le ꝟ. *Parafti in dulcedine tua ,*
&c. *Votre bonté , ô mon Dieu , a préparé pour le*
pauvre une nourriture délicieufe dans votre maifon,
où vous raffemblez les fidéles dans l'union d'un même
cœur. Ces faintes filles accoutumées à adorer Dieu
dans tous les événemens, firent attention à celui-
ci, & trouvérent que rien n'étoit plus beau, ni
plus remarquable que la rencontre des paroles de
ce Répons avec la réunion de tant de perfonnes ,
dont une fi longue perfécution n'avoit pu divifer
les cœurs ni les fentimens. L'application de ce
trait d'hiftoire fe fait d'elle-même, & ne peut
qu'infpirer à ceux qui après la proceffion rentre-
ront dans l'églife de fainte Marguerite en s'oc-
cupant des paroles de ce Répons, les fentimens de
foi dont les Religieufes de P. R. donnent ici un
fi bel exemple.

L'objet de l'Octave est le même que celui de la Fête quant aux Antiennes, Versets & Répons, conformément à la rubrique. Les Sermons des Peres assignés pour chaque jour ont plus ou moins de rapport au premier miracle en particulier ; mais tous ou parlent des miracles en général, ou ont un rapport marqué au tems où nous sommes.

Comme on termine quelquefois l'Octave de certaines Fêtes par une autre Fête, celle de l'Epiphanie, par exemple, par le Baptême de J. C., & celle de tous les Saints par la Fête des saintes Reliques ; de même on a placé au dernier jour de cette Octave la Mémoire solemnelle des autres miracles, & des Bienheureux à l'intercession desquels ils ont été accordés.

Pour y procéder avec ordre, sans perdre de vue le premier, on le présente dans les premiéres Vêpres, selon le plan de M. de Montpellier, comme un piége tendu par la sagesse de Dieu aux Constitutionnaires schismatiques, & dans lequel ils se prennent eux-mêmes. Au premier Nocturne les Leçons tirées des Actes des Apôtres ont rapport à la contradiction que le premier miracle a éprouvé de la part des Constitutionnaires. Le reste représente le concours édifiant qui se faisoit au tombeau du saint Diacre le B. de Pâris, la punition de la veuve de Lorme, & les conversions opérées à la vue des miracles. Dans le second Nocturne on s'occupe de la persécution excitée contre les miracles, de l'impression qu'ils faisoient sur le peuple malgré les violences dont on usoit. Le petit cimétiere de S. Médard est fermé, & néanmoins les miracles continuent en plus grand nombre & en plus de lieux qu'auparavant, par l'application des habits & des linges qui avoient servi au serviteur de Dieu : tel est l'objet des Pseaumes, Antiennes & Répons. A l'égard des Leçons, la premiére est une Légende qui présente l'objet de la Fête ; les deux autres sont tirées d'un beau discours de S. Ambroife , à l'occafion de l'invention des corps des SS. Martyrs Gervais & Protais ; où en changeant les noms , on a lieu de reconnoître quel eft l'efprit qui anime les contradicteurs des mira- les de nos jours , & ce qu'il faut leur répondre.

Au troifième Nocturne, aux Laudes du matin & aux Heures , on chante les louanges des Bien- heureux Rouffe , de Pâris & Soanen , qui font les trois principaux Appellans que Dieu a glorifiés par les miracles. Outre l'innocence de la vie , & l'attachement à la vérité, qui unit le faint Evêque avec les deux autres , il a encore un autre titre qui lui donne droit à cette gloire ; c'eft le témoignage éclatant qu'il a rendu dans le Concile , ou plutôt dans le brigandage d'Embrun , & la longue capti- vité dans laquelle il a fini fes jours avec toute la paix & la joie qu'infpire une confcience fidéle à Dieu. Nous n'avons eu garde de féparer ceux qui font fi bien unis ; d'autant plus que comme à la Fête de S. Denis toute la hiérarchie ecclé- fiaftique rend témoignage à notre foi en la per- fonne du faint Evêque , du faint Prêtre & du faint Diacre , qui l'ont fcellée de leur fang , nous trou- vons de même en cette Fête un témoignage de toute la hiérarchie pour les miracles de nos jours, en la perfonne du faint Evêque , du faint Prêtre & du faint Diacre , par lefquels Dieu les a opérés pour défendre la foi que les premiers nous ont annoncée.

Afin d'éviter la confufion que ces différens ob- jets pourroient occafionner, on a pris pour modéle l'Office des faints Anges dans le Bréviaire de Pa- ris , où dans les Antiennes & Répons de chaque Nocturne paroît d'abord S. Michel, enfuite faint Gabriël , & enfin faint Raphaël. Sur ce plan la première Antienne du troifième Nocturne , eft pour M. Rouffe; la feconde , pour M. de Pâris; la troifiéme , pour M. de Senès; de même des Ré- pons. Les Antiennes des Laudes qui fe répétent

aux Heures, sont de même arrangées de façon que
Tierce est en l'honneur du B. Rousse, Sexte en
l'honneur du B. de Pâris, & Nône en l'honneur
du B. Soanen. On a suivi en cela l'ordre des tems,
parce que les miracles de M. Rousse ont paru les
premiers, & ceux de M. Senès les derniers. Mais
dans les Oraisons, on a suivi l'ordre de la digni-
té; ainsi l'Evêque est nommé le premier, ensuite
le Prêtre, & enfin le Diacre. Les secondes Vêpres
contiennent les impressions différentes qu'ont fait
les miracles, & les conséquences qu'il en faut
tirer.

En voilà assez sur ce qui regarde l'ordre & l'ar-
rangement de cet Office. Il ne nous reste plus
maintenant qu'à exhorter les personnes qui s'en
serviront à le faire dans les sentimens d'une piété
solide & éclairée, qui ne se dissimule pas la grandeur des maux; qui ne ferme pas les yeux sur les
dispositions visiblement criminelles des ennemis
de la vérité; qui ne cherche pas par une scrupu-
leuse délicatesse à excuser ce qui ne peut l'être;
mais qui sçait faire usage de tout pour s'en occuper
en la présence de Dieu; qui envisage dans l'igno-
rance & l'aveuglement de nos adversaires, ce que
nous serions nous-mêmes, si Dieu ne nous avoit
distingué d'eux par un discernement qui ne peut
avoir d'autre cause qu'une miséricorde toute gratuite; qui n'insulte pas aux persécuteurs, de crainte
d'éloigner la main toute-puissante, qui peut seule
nous empêcher de leur devenir semblables; mais
qui n'en expose pas moins aux yeux de Dieu les
violences dont ils accablent le pauvre, avec toute
la force dont le Saint-Esprit nous fournit les ex-
pressions dans les divines Ecritures, parce qu'en
les dictant il n'a pas cessé d'être un esprit de charité qui fait desirer aussi ardemment la conversion
des méchans, qu'il relève fortement la fureur
avec laquelle ils persécutent les bons.

Des personnes ainsi disposées pourront retirer
beaucoup

aucoup de fruit de cet Office. On espére de leur
arité que dans l'usage qu'elles en feront, elles
oublieront pas celui dont Dieu s'est servi pour
dresser, & qu'elles demanderont pour lui com-
: pour elles-mêmes les miracles spirituels, sans
quels tous les autres ne serviroient qu'à notre
damnation.

Page vj. ligne 12. de l'Avis de l'Editeur,
lisez ainsi :

L passa plusieurs années en Portugal dans un
tems où la Religion n'y étoit guéres connue.
y comporta en honnête homme selon le monde.
bile dans sa profession d'Ebéniste, il fut connu
la Reine qui l'honora de ses bontés. Il fut aus-
oit utile à sa mere dont il étoit le correspon-
t pour les affaires de son commerce. Mais cet-
femme chrétienne comptoit tout cela pour rien
qu'il n'étoit pas à Dieu ; elle gémissoit conti-
ellement sur lui. Dieu enfin écouta ses gémisse-
ns. Le jeune homme revint à Paris. * Plus do-
e alors qu'il ne l'avoit été aux sages avis de sa
re, elle eut la consolation de le voir retour-
: sincérement à Dieu, embrasser la vraie piété,

* Un livre de piété que sa mere lui avoit envoyé fut
i par les Emissaires de l'Inquisition ; en conséquence il
conduit lui-même dans les prisons de ce tribunal. Il
vailloit dans ce tems à un meuble de goût que la Reine
faisoit faire sous ses yeux Surprise de ne le pas voir à
ordinaire, elle voulut en sçavoir la raison ; sitôt qu'el-
'eut apprise, elle demanda au Roi sa sortie. Les Inqui-
urs firent beaucoup de difficultés insistant sur le Livre sai-
qui, selon eux, étoit des plus mauvais & des plus dan-
eux. Gardez le Livre si vous voulez, leur dit ferme-
nt la Reine, mais je veux que vous me rendiez *mon*
t François. Sous une si puissante protection il fut élargi.
emeura néanmoins tellement frappé de ce qui lui étoit
ivé, qu'il ne voulut plus rester en Portugal, & que de

goûter le bien, & mourir dans les fentimens
plus chrétiens & les plus édifians.

  L'autre entra, &c.

retour même en France il ne pouvoit penfer à l'Inq
tion fans frayeur.

  Pag. *viij*, ligne *derniére de la Note*, juridiquè ; *lifez*
tidique.

LE DIMANCH

ADDITIONS ET CORRECTIONS.

Dans l'Avis de l'Editeur.

PAge iv à la note : Voyez les NN. Ecclef.
&c. Ajoutez :

Dans celle du 21 l'Auteur remarque que la
guérifon miraculeufe de Madame Ménard a été
opérée précifément le lendemain de l'inhuma-
tion de Madame de la Foffe. Pour fentir l'im-
portance de cette remarque , il faut la rapprocher du récit qui précéde , où l'on trouve dans
cette guérifon les mêmes circonftances que dans
celle de Madame de la Foffe. L'une & l'autre a
été opérée le jour du Saint Sacrement , & à la
Proceffion. Dans l'une & l'autre malade même
redoublement de maux & de fouffrances le matin de leurs guérifons ; même obfcurciffement
dans les yeux. Toutes les deux fe font jettées
à terre au paffage du faint Sacrement, & l'ont
fuivi quelque tems en fe traînant fur les mains
& les genoux ; toutes les deux ont adreffé leur
priére à Jefus-Chrift en criant. Toutes les deux
enfin fe font relevées feules , & ont marché fans
le fecours d'aucune perfonne. Pour peu qu'on
réfléchiffe fur la réunion de toutes ces circonftances , quelle lumiére n'en retire-t-on pas par
rapport à la fage providence de Dieu , & fon
admirable conduite fur fon Eglife ? Ayant ré-
folu de venir à fon fecours, dans ces tems de
divifion, par l'œuvre des miracles, il opéra le
premier par Jefus-Chrift même dans le faint Sacrement. C'eft donc lui qui a comme donné le
fignal d'une œuvre qu'il a commencé par lui-
même , & qu'il a continuée dans la fuite par
fes ferviteurs. (Voyez dans la Préface pag. 37
& fuivantes ce que dit M. de Montpellier là-
deffus.) Ceux qui ne veulent point de miracles
s'étant opiniâtrés à ne point reconnoître dans
ceux des ferviteurs la main toute-puiffante du
Maître , Jefus Chrift eft revenu à fe montrer

G

de nouveau par ſes œuvres merveilleuſes dans la divine Euchariſtie ; il l'a même fait plus fréquemment depuis quelques années. Mais les contradicteurs des miracles qui n'avoient pu tenir contre le premier , ſe ſont roidis contre ceux-ci, comme ſi ce n'étoit pas la même main du ſouverain Maître qui les eut opérés. Jeſus-Chriſt alors fait voir clairement qu'il eſt aujourd'hui le même qu'il étoit hier. Il appelle à lui celle qu'il avoit choiſie pour être pendant 36 ans une preuve ſubſiſtante & publique de ſa toute-puiſſance ; il la fait mettre au tombeau la veille de l'anniverſaire de la grande fête en laquelle il l'avoit miraculeuſement guérie. Dès le lendemain jour de cette même fête , il lui en ſubſtitue une autre ; & pour qu'on ne puiſſe douter que c'eſt ici la même main , il fait ce dernier miracle de la même maniére que le premier ; enſorte qu'on peut dire exactement que ce n'eſt que le même miracle continué , & comme transféré d'une perſonne ſur une autre. C'eſt ainſi qu'il éclaire & conſole les cœurs droits, attentifs à méditer & à adorer la ſageſſe de ſes œuvres , en même-tems qu'il *couvre de confuſion le viſage* des ennemis de ſa toute-puiſſance. En ont-ils profité , *en recherchant ſon nom* ? On peut le voir dans la Feuille ſuivante du 28 Août qui nous inſtruit des contradictions & des perſécutions que la perſonne guérie a ſouffertes de leur part , pour avoir oſé demander qu'on rendît gloire à Dieu. Ils ont apperçu l'identité des deux miracles ; ils ont ſenti toute la force des conſéquences qui en réſultent. Pour les éluder , & ſe débarraſſer de l'évidence du dernier , dont ils ont été eux-mêmes frappés, ils n'ont pas rougi de vouloir répandre des doutes ſur celle du premier. Pluſieurs perſonnes, a-t-on dit, prétendent que Madame de la Foſſe n'a jamais été guérie. On ne demande pas ici où eſt l'eſprit de religion & de vérité , mais où eſt le ſens commun dans un pareil propos. Un miracle de

guérifon opéré il y a 36 ans fous les yeux de
toute une grande paroiffe ; conftaté de la maniére la plus réguliére & la plus canonique ;
appuyé fur les preuves les plus évidentes, dont
le public s'eft affuré par lui-même ; foutenu par
une fanté conftante, dont tout Paris a été témoin oculaire tous les ans pendant 27 ans con-
fécutifs : c'eft d'un tel miracle qu'on n'a pas
honte de dire que celle qui l'a reçu n'a jamais
été guérie. On ne s'en tient pas-là ; on ajoute
encore décidément que M. le Cardinal de
Noailles en publiant ce miracle *a été trop vîte,
& s'eft trop preffé*. Effectivement le miracle eft
arrivé le 31 Mai ; & dès le Dimanche 19 du
mois d'Août fuivant, le Mandement de publication a été lu dans toutes les Paroiffes de Paris. C'eft-à-dire, que tout a été fait dans l'ef-
pace d'un peu moins de trois mois. Que M. le
Cardinal n'attendoit-il trois ans au lieu de trois
mois ? Il ne fe feroit certainement pas trop preffé ;
l'œuvre de Dieu auroit eu tout le tems de tomber
dans l'oubli : c'eft tout ce qu'auroient fouhai-
té ces habiles raifonneurs. Mais M. le Cardinal
connoiffoit fon devoir ; il fçavoit les régles, &
s'y eft conformé. De tels gens ne doivent donc
point fe flatter d'être reçus aujourd'hui à cenfu-
rer fa conduite.

 Page xiv ligne 29 à l'âge de plus, *ajoutez*, de
     Dans la Préface.

 Page xlij ligne 23. ont. *lifez* font.

 Même page ligne 32. Miracles de M. de Pâris. *ajoutez en note.*

Ces Meffieurs préfentérent d'abord une pre-
miére Requête, non pour demander une information, mais pour préfenter quatre miracles
accordés à l'interceffion du Bienheureux de Pâris, & conftatés juridiquement du vivant de M.
le Cardinal de Noailles, fur lefquels, difoient
ces Meffieurs, il n'y avoit plus qu'à prononcer.
Dans la fuite ils en préfentérent une feconde
pour informer de plufieurs autres miracles ar-

rivés depuis, fur lefquels ils offroient de fournir toutes les preuves néceffaires. M. de Vintimille n'ayant pas jugé à propos de faire droit fur ces Requêtes, M. Goy Curé de fainte Marguerite y fuppléa dans fa paroiffe en parlant à fon peuple de ces miracles felon les occafions. Un jour de faint Laurent entre autres, après avoir rapporté les réflexions de faint Léon fur ce faint Martyr, il les étendit en ajoutant que jufqu'alors on avoit reconnu trois grandes Eglifes qui ont été rendues illuftres par de faints Diacres; celle de Jérufalem, par faint Etienne; celle de Rome, par faint Laurent; & celle d'Efpagne, par faint Vincent : mais que de nos jours nous avions la confolation de voir que Dieu y en ajoutoit une quatriéme. C'eft, difoit-il, l'Eglife de France, qui devient de jour en jour plus célébre par les miracles éclatans & multipliés qu'il y opére par l'interceffion d'un autre faint Diacre qui peut bien partager avec les premiers la glorieufe qualité de martyr par l'auftère pénitence dans laquelle il a vécu, & par les témoignages qu'il a rendus à la foi dans toutes les occafions. C'eft auffi ce qu'a fait ce digne Pafteur à fon exemple jufqu'à la mort. En recevant les derniers Sacremens, il déclara devant Jefus-Chrift en préfence de tout fon Clergé, qu'il perfiftoit dans tous les actes & toutes les démarches qu'il avoit faites pour la défenfe de la vérité, & ajouta ces deux mots de faint Paul : *J'ai achevé ma courfe, j'ai gardé la foi* ; témoignage précieux de fon attachement à la foi de l'Eglife, qui eft comme la derniére inftruction & le teftament fpirituel qu'il a laiffé en mourant à fon Clergé & à fes paroiffiens.

Dans l'Office.　　*Page* 73 *ligne* 21 un amour de Dieu, *ajoutez* plus ardent.

Page 75 *feconde ligne du Cantique* : avec connoiffance, *lifez* avec confiance.

Page 79 *lignes* 26 & 27, Le refte comme à Laudes, *lifez* Le refte comme au jour du Miracle.

LE DIMANCHE

DANS

L'OCTAVE DU S. 'SACREMENT;

LA SOLEMNITÉ

DU MIRACLE

Opéré l'an 1725 , dans la Paroiffe de
Sainte Marguerite.

SOLEMNEL-MAJEUR.

AUX PREMIERES VESPRES.

Pf. 11 le Jeudi à Complies.

Ant. **V**OICI ce que dit le Seigneur : Je vous
confolerai ; vous verrez, & votre cœur
fera dans la joie , & le Seigneur fera connoître
fa main puiffante en faveur de fes ferviteurs.
Ifaïe. 66.

Pf. 43 avec fes Divifions , Vendredi à Prime.

Ant. C'eft lui qui eft le Dieu vivant , l'éternel qui vit dans tous les fiécles ; c'eft lui qui eft
le Libérateur & le Sauveur , qui fait des prodiges & des merveilles dans le Ciel & dans la
terre. *Daniel. 6.*

Pf. 73 avec fa Divifion , Samedi à None.

Ant. Il eft fage ; il eft tout-puiffant ; qui lui
a réfifté , & eft demeuré en paix ? C'eft lui qui
fait de grandes chofes , qui en fait d'incompréhen-
fibles & de miraculeufes qui font fans nombre.
Job. 9.

A

Pf. 79 *avec fa Divifion , Jeudi à None.*

Ant. Ceux qui mettent leur confiance en vous ne tomberont pas dans la confufion. Délivrez-nous par les merveilles de votre puiffance , & donnez, Seigneur, gloire à votre Nom. *Daniel.* 3.

Pf. 85 *avec fa Divifion , Samedi à Complies.*

Ant. Que tous ceux qui font fouffrir des maux à vos ferviteurs , foient confondus ; qu'ils foient confondus par votre toute-puiffance , & que leur force foit réduite en poudre. *Daniel.* 3.

CAPITULE. *Ifaïe* 66.

ECoutez la parole du Seigneur , vous qui l'entendez avec tremblement. Vos Freres qui vous haïffent, & qui vous rejettent à caufe de mon Nom, vous ont dit : Que le Seigneur faffe paroître fa gloire , & nous le reconnoîtrons alors dans votre joie ; mais ils feront eux-mêmes couverts de confufion. ℟. Rendons graces à Dieu.

RÉPONS.

Renouvellez vos prodiges , & faites des miracles qui n'aient pas encore été vûs; détruifez le perfécuteur , & humiliez l'ennemi. * Hâtez le tems où vos promeffes doivent s'accomplir. † Rempliffez Sion de la vérité de vos paroles ineffables : rempliffez votre peuple de votre gloire. *Eccléfiaftique.* 36. ℣. Celui qui étoit affis fur le trône , dit : Je vais faire des chofes nouvelles ; ces paroles font très-certaines & très-véritables. *Apoc.* 21. * Hâtez le tems , &c. Gloire au Pere, & au Fils, & au Saint-Efprit. † Rempliffez Sion , &c.

HYMNE.

HElas ! de quel genre de maux fommes-nous accablés ! autrefois un nom puiffant, & redoutable à la féduction , l'obligeoit à fe cacher; maintenant la féduction elle-même mar-

che tête levée en se parant de ce nom respectable.

Le scandale se répand de tous côtés à titre
de loi ; l'autorité légitime par l'abus qu'on en
fait n'est plus qu'un phantôme qui trompe les
ames trop crédules ; & l'erreur approuvée em-
porte avec elle tout ce qu'elle trouve à sa rencontre.

Le libertin qui pousse la folie jusqu'à ne vouloir rien croire, s'applaudit de ce qu'on le fa-
vorise ; & l'hérésie se glorifiant du schisme qu'elle
a fait, se réjouit de voir maintenant ses pertes
séparées.

La nouveauté qui s'est glissée dans le sein de
l'Eglise, s'empare déja avec arrogance du trône
& des droits de la vérité : déja elle ose traiter
les enfans en ennemis ; & les amis sont deve-
nus l'objet de ses furieuses & sanglantes pour-
suites.

Pourquoi, ô notre Pere, rejettez-vous nos
gémissemens ? Levez-vous enfin, ayez pitié des
pauvres ; le danger est pressant ; la Religion
ébranlée par tant d'épreuves touche presque à
sa ruine.

Mais voici que nous sentons renaître la douce
espérance qui nous annonce un grand don. Par
un prodige que vous préparez depuis long-tems,
vous allez, Seigneur, nous dédommager am-
plement de tout ce que nous avons souffert de
dur & de pénible.

Vous allez rendre vous-même la santé à une
femme malade depuis long-tems d'une perte de
sang ; ce sera le moyen dont vous vous servirez
pour ramener ceux qui s'égarent, relever ceux
dont le courage est abbatu, & tirer Sion de l'opprobre.

Et après avoir opéré ce premier bienfait,
vous ne laisserez pas votre œuvre imparfaite ;
plusieurs autres miracles ajoutez à celui-ci feront.

bientôt retentir par tout l'univers le bruit de votre bras tout-puissant.

GLOIRE infinie au Pere ; gloire infinie au Fils ;
qu'une gloire pareille vous soit aussi rendue, ô
Esprit saint, qui créez dans le fond du cœur
les vifs gémissemens que vous voulez exaucer.
Amen.

℣. Seigneur, il est tems que vous agissiez :
℞. Ils ont anéanti votre loi. *Ps.* 118.

A Magnificat.

Ant. Maintenant, Seigneur, considérez leurs
menaces, & donnez à vos serviteurs la force d'annoncer votre parole avec une entiére liberté, en
étendant votre main pour faire des guérisons,
des merveilles & des prodiges par le Nom de
votre saint Fils Jesus. *Act.* 4.

ORAISON.

O Dieu qui pénétrez le fond des cœurs, &
qui connoissez & exaucez toujours les défirs de l'Esprit qui prie pour nous par des gémissemens ineffables ; faites-nous la grace de célébrer par ce même Esprit la solemnité que nous
commençons, afin que marchant à la lumiére de
vos merveilles, nous méritions de vous glorifier pendant toute l'éternité, vous qui êtes le
tout-puissant, & fidèle dans vos promesses ; nous
vous le demandons par Jesus-Christ Notre Seigneur, qui étant Dieu vit & régne avec vous
en l'unité du même Saint-Esprit dans tous les siécles des siécles. ℞. Amen.

Mémoire du Samedi.

Ant. Les Philistins ramenérent l'Arche du Seigneur, & elle demeura à Cariathiarim ; & toute la maison d'Israël commença à chercher son
repos dans le Seigneur. *I. Liv. des Rois. ch.* 6. & 7.

℣. Le Seigneur a bâti son Sanctuaire sur la
terre, ℞. Qu'il a fondée pour durer toujours.
Ps. 77.

L'Oraison à Laudes.

A . C O M P L I E S.

Les Pseaumes 87 *Samedi à Prime;* 101 *avec ses Divisions, Vendredi à Sexte;* 122 *Mercredi à Vêpres.*

Ant. Les sourds entendront ; les yeux des aveugles sortant de leur nuit passeront des ténébres à la lumiére ; & ceux qui sont doux & humbles, se réjouiront de plus en plus dans le Seigneur. *Isaïe* 29.

L'Hymne du Pseautier avec la Doxologie suivante.

Gloire à vous, ô Jesus, qui recevez favorablement les vœux de ceux qui vous prient ; soyez honoré avec le Pere & le Saint-Esprit dans tous les siécles des siécles. Amen.

A Nunc dimittis.

Ant. Le boiteux bondira comme le cerf, & la langue des muets sera deliée ; & ce sera pour vous une voie droite ; ensorte que les ignorans y marcheront sans s'égarer. *Isaïe* 35.

A L'OFFICE DE LA NUIT.

I N V I T A T O I R E.

Notre Seigneur Jesus-Christ manifeste sa gloire : * Venez, adorons-le. *S. Jean* 2.

H Y M N E.

Veritable Homme-Dieu, Sauveur du genre
    humain,
Que sous l'espace étroit d'un adorable pain
    Recélent nos sacrés mystéres ;
    Jesus, à nos yeux ici-bas
Par quels faits merveilleux ne confirmes-tu pas
    La foi constante de nos Péres !
    Lorsqu'au mépris du Dieu qu'exposent nos
    Autels
Contre un culte si saint de profanes mortels
    Font éclater leur insolence ;

A iij

Défenſeur de ta vérité
Que pour fermer la bouche à leur impiété
Tu ſçais bien rompre le ſilence !
D'UNE perte de ſang qui ne pouvoit tarir
Parmi nous une femme étoit prête à mourir.
Ses genoux chanceloient ſous elle ;
Et dès long-tems ſes foibles yeux
Pouvoient à peine ouvrir à la clarté des Cieux
Une languiſſante prunelle.
L'ART fait pour la guérir un inutile effort ;
Tout ſembloit lui prédire une prochaine mort,
Quand tout à coup elle s'écrie :
Si du céleſte Médecin
Je puis, comme mon cœur en forme le deſſein,
Baiſer les pas, je ſuis guérie.
L'EFFET ſuit la parole. A ce jour ſolemnel
Dans le moment qu'en pompe on porte l'Eternel,
Rampante ſur le ſaint Veſtige :
Mon Dieu, vous connoiſſez ma foi :
Chaſſez, vous le pouvez, aujourd'hui loin de moi
L'horrible peſte qui m'afflige.
JE vous adore ici, digne Fils du Très-Haut,
Daignez me pardonner mes péchés. Auſſitôt
Aux pieds du Sauveur étendue,
On la voit ſe lever ſoudain ;
Elle ſent la vertu du pouvoir ſouverain
Dans ſon corps par-tout répandue.
TELLE l'Hémorrhoïſſe autrefois humblement
Quand elle eut du Sauveur touché le vêtement
Dans une ſemblable eſpérance,
Par une divine faveur
En obtint pour le prix de ſa vive ferveur
Une ſemblable délivrance.
NOUS en proie à des maux, hélas! plus dan-
gereux,
Cherchons en dans la foi le ſeul reméde heureux.
Seigneur, que ta miſéricorde
Plante cette foi dans nos cœurs :
Par elle de nos maux nous ſerons les vainqueurs ;

Si ta clémence nous l'accorde.

GLOIRE au Pere immortel. Gloire au Fils tout-
puiſſant ,

Qui pour nous tous les jours ſous un voile deſcend,
Dont nous ne perçons point l'ombrage ;
Mais d'où, quand il veut , à nos yeux
Il ſçait faire ſortir un doigt victorieux.

Chrétiens à l'Eſprit-Saint rendons un même
hommage. Amen.

AU I. NOCTURNE.

Pſ. 6 Lundi à Complies.

Ant. Une femme étoit malade d'une perte de
ſang depuis douze ans. *S. Luc.* 8.

Pſ. 19 *Jeudi à l'Office de la nuit.*

Ant. Elle avoit beaucoup ſouffert entre les
mains de pluſieurs Médecins , ſans qu'aucun
d'eux l'eut pu guérir. *S. Marc.* 5. *S. Luc.* 8.

Pſ. 20 *Mercredi à Sexte.*

Ant. Ayant dépenſé tout ſon bien elle n'en
avoit reçu aucun ſoulagement , mais s'en étoit
toujours trouvée plus mal. *S. Marc.* 5.

℣. Mes genoux ſont affoiblis : ℟. Et ma chair
s'eſt entiérement deſſéchée. *Pſ.* 108.

LEÇON PREMIERE.

Du Prophête Iſaïe. ch. 42.

CHantez au Seigneur un cantique nouveau ;
publiez ſes louanges d'un bout de la terre à
l'autre , vous qui allez ſur la mer, & ſur toute
l'étendue de ſes eaux ; vous iſles , & vous tous
qui les habitez ; que le déſert & que toutes les villes qui y ſont élévent leurs voix. Cédar habite-
ra dans des Palais : habitans des rochers louez le
Seigneur ; jettez de grands cris du haut des montagnes. Ils publieront la gloire du Seigneur, ils
annonceront ſes louanges dans les iſles. Le Seigneur ſortira comme un guerrier invincible ; il

excitera sa colére comme un homme qui marche
au combat : il haussera sa voix , il jettera des cris ;
il se rendra le maître de ses ennemis. Je me suis
tû jusqu'à cette heure , je suis demeuré dans le silence , j'ai été dans la retenue ; mais maintenant
je me ferai entendre comme une femme qui est
dans les douleurs de l'enfantement : je détruirai
tout , j'abîmerai tout. Je rendrai désertes les
montagnes & les collines : j'en ferai mourir jusqu'aux moindres herbes ; je tarirai les fleuves ,
& les changerai en isles, & je sécherai tous les
étangs. Je conduirai les aveugles dans une voie
qui leur étoit inconnue , & je les ferai marcher
dans des sentiers qu'ils avoient ignorés jusqu'alors.
Je ferai que les ténébres devant eux se change-
ront en lumiére , & que les chemins tortus seront
redressés : je ferai ces merveilles en leur faveur ,
& je ne les abandonnerai pas. Et vous, Seigneur,
ayez pitié de nous. ℟. Rendons graces à Dieu.

℟. Ils s'assemblérent tous pour porter l'Arche
de l'alliance du Seigneur en un jour solemnel. *
Tous les anciens étant donc venus, les Prêtres
prirent l'Arche du Seigneur , & la portérent, &
tout le peuple qui s'étoit assemblé , marchoit devant l'Arche. ℣. Or tout ceci se fit , afin que cette parole fut accomplie ; Dites à la fille de Sion :
Voici votre Roi qui vient à vous plein de douceur. * Tous les anciens &c. 3. *Liv. des Rois.* 8.
S. Matthieu. 21.

LEÇON SECONDE.

ECoutez, sourds ; aveugles, ouvrez les yeux &
voyez Qui est l'aveugle, sinon Israël mon
serviteur ? Qui est le sourd , sinon celui à qui j'ai
envoyé mes Prophêtes ? Qui est l'aveugle, sinon
celui qui s'est vendu lui-même ? Qui est l'aveugle encore , sinon le serviteur du Seigneur ? Vous
qui voyez tant de choses, n'observez-vous pas ce

que vous voyez ? Vous qui avez les oreilles ou-
vertes, n'entendez-vous point ? Le Seigneur a voulu choisir son peuple pour le sanctifier , pour rendre sa loi célébre , & pour en relever la grandeur.
Cependant mon peuple est ruiné ; il est pillé de
toutes parts : ils ont été pris dans les filets des soldats ; ils ont été tenus cachés au fond des prisons ; ils ont été emmenés captifs , sans que personne soit venu les délivrer ; ils ont été exposés
au pillage , sans que personne ait dit à leurs ennemis ; Rendez le butin. Qui est celui d'entre vous
qui écoute ce que je dis, & qui s'y rende attentif ,
& qui croie les choses futures ? Qui a livré Jacob en proie à ses ennemis , & Israël entre les
mains de ceux qui le pillent ? N'est-ce pas le Seigneur même que nous avons offensé , parce que
nous n'avons pas voulu marcher dans ses voies ,
ni obéir à sa loi ? C'est pourquoi il a répandu sur
lui son indignation & sa fureur ; il lui a déclaré
une forte guerre ; il a allumé un feu autour de
lui sans qu'il le sçût ; il l'a brûlé dans ses flam-
mes sans qu'il le comprît. Et vous Seigneur &c.

℟. Elle étoit dans la chambre priant avec larmes ; & remuant les lévres en silence , elle dit :
Seigneur Dieu d'Israël , fortifiez-moi , & rendez-
vous favorable en ce moment : * Afin que vous
releviez selon votre promesse votre ville de Jérusalem , & que j'accomplisse ce que j'ai cru qui se
pourroit faire par votre assistance. ℣. Cette maladie ne va point à la mort , mais elle n'est que
pour la gloire de Dieu , afin que le Fils de Dieu
en soit glorifié. * Afin que vous releviez. &c.
Judith. 13. *S. Jean.* 11.

Leçon Troisieme. *ch.* 43.

ET maintenant voici ce que dit le Seigneur
qui vous a créé , ô Jacob , qui vous a formé , ô Israël : Ne craignez point ; .... c'est moi,

c'eſt moi qui ſuis le Seigneur, & hors moi il n'y a point de Sauveur. C'eſt moi qui vous ai ſauvés : je vous ai fait entendre l'avenir ; & il n'y a point eu parmi vous de Dieu étranger : vous m'en êtes témoins , dit le Seigneur , & c'eſt moi qui ſuis Dieu , c'eſt moi qui ſuis dès le commencement ; nul ne peut m'arracher ce que je tiens entre mes mains : quand j'ai réſolu d'agir, qui pourra s'y oppoſer ? Voici ce que dit le Seigneur qui vous a rachetés , le Saint d'Iſraël : J'ai envoyé à cauſe de vous des ennemis à Babylone; j'ai fait tomber tous ſes appuis ; j'ai renverſé les Chaldéens qui met- toient leur confiance dans leurs vaiſſeaux. Je ſuis le Seigneur, le Saint qui eſt parmi vous , le créa- teur d'Iſraël & votre Roi. Voici ce que dit le Sei- gneur qui a ouvert un chemin au milieu de la mer , & un ſentier au travers des abîmes d'eaux ; qui fit entrer dans la mer rouge les chariots & les chevaux , les troupes d'Egypte & toutes leurs for- ces ; ils furent tous enſevelis dans un ſommeil dont ils ne ſe réveilleront point : ils furent étouffés & éteints pour jamais , comme on éteindroit la mé- che d'une lampe. Mais ne vous ſouvenez plus des choſes paſſées : ne conſidérez plus ce qui s'eſt fait autrefois ; je m'en vais faire des miracles tout nouveaux: ils vont paroître , & vous les verrez. Et vous Seigneur &c.

℟. Comme Jeſus approchoit , elle étoit aſſiſe le long du chemin , * Et entendant le bruit du peuple qui paſſoit, † On lui dit que Jeſus paſ- ſoit. ℣. Elle étoit aſſiſe ſur ſon ſiége devant la porte le viſage tourné vers le chemin ; & ſes yeux s'étoient obſcurcis. * Et entendant &c. Gloi- re au Pere &c. † On lui dit &c. *S. Luc* , 18. I. *Rois*. 1. 4.

Au II. Nocturne.

Pſ. 27 *Dimanche à l'Office de la Nuit.*
'*Ant.* Ayant entendu que c'étoit Jeſus , elle ſe'

mit à crier : Jesus ayez pitié de moi. *S. Marc.* 10.

Pf. 29 *Dimanche à l'Office de la Nuit.*

Ant. Et se prosternant le visage contre terre, elle le prioit en lui disant : Seigneur, si vous voulez, vous pouvez me guérir. *S. Luc.* 5.

Pf. 40 *Samedi à l'Office de la Nuit.*

Ant. Plusieurs la reprenoient rudement, & lui disoient qu'elle se tût ; mais elle crioit encore plus fort : Ayez pitié de moi. *S. Marc.* 10.

℣. Exaucez, Seigneur, la voix par laquelle j'ai crié vers vous : ℟. Ayez pitié de moi, & exaucez-moi. *Pf.* 26.

Leçon Quatrieme.

ANne Charlier, âgée de 45 ans, épouse de Fran-çois de la Fosse, Ebéniste, de la Paroisse de sainte Marguerite à Paris, étoit malade de-puis près de vingt ans d'une perte de sang, qui depuis sept ans étoit devenue si continuelle, que n'ayant plus de force, & pressée d'une vive dou-leur de côté, elle ne pouvoit depuis dix-huit mois ni marcher, ni soutenir la lumiére. C'é-toit précisément dans le tems que l'on voyoit croître de jour en jour, surtout à Paris, le nom-bre des impies & des libertins. De plus on ne parloit dans presque toutes les Eglises que de division & de schisme ; & particuliérement dans la paroisse de sainte Marguerite, dont plusieurs habitans s'étant séparés du Pasteur ne vouloient ni entrer dans l'Eglise Paroissiale, ni recevoir les Sacremens de lui ou de ses Coopérateurs. Enfin cette paroisse contenoit depuis longtems plu-sieurs Prétendus-Réformés, dont quelques-uns connoissoient parfaitement la longue & fâcheuse maladie de la femme ci-dessus nommée. Dans ces circonstances, cette femme poussée par un mou-vement de piété & de foi, résolut sans hésiter de demander sa guérison à Jesus-Christ non pas

seulement aſſis à la droite de ſon Pere , comme le lui avoit conſeillé une femme de la Religion Prétendue-Réformée , mais à Jeſus-Chriſt
véritablement & réellement préſent au ſaint Sacrement de l'Autel ſelon la foi de l'Egliſe. Or l'é-
vénement a fait voir que Dieu par un effet de
ſa ſageſſe infinie , lui avoit inſpiré ce deſſein ſa-
lutaire ; parce qu'il vouloit la guérir miraculeuſement , afin qu'à la vue d'un ſeul & même
prodige , les libertins puſſent reconnoître l'autorité divine de la Religion qu'ils mépriſent ;
les hérétiques , être excités à embraſſer la foi de
l'Egliſe ſur l'Euchariſtie ; & les faux-frères , apprendre qu'il n'y a jamais aucune raiſon de rompre l'unité. Et vous Seigneur &c.

℟. Elle dit à Jeſus : Je ſçai que préſentement
même Dieu vous accordera tout ce que vous lui
demanderez : * Oui , Seigneur, je crois que vous
êtes le Chriſt , le Fils du Dieu vivant qui êtes venu dans ce monde. ℣. C'eſt vous qui êtes mon
Roi & mon Dieu , c'eſt vous qui ſauvez Jacob
quand il vous plaît. * Oui , Seigneur, &c. *S.
Jean.* 11. *Pſ.* 43.

LEÇON CINQUIEME.

LOrs donc qu'en l'année 1725 le Paſteur portoit ſolemnellement par les rues, ſelon la coutume, le Corps de Jeſus-Chriſt au jour de ſa grande Fête , elle demanda avec inſtance qu'on la
deſcendît à la porte de ſa maiſon , par où la proceſſion de ſa Paroiſſe devoit bientôt paſſer. Aver-
tie par ceux qui l'accompagnoient lorſque le S.
Sacrement fut proche, elle ſe jetta auſſitôt par
terre, & ſe traînant ſur ſes mains & ſes genoux
pour le ſuivre, elle dit : Seigneur, ſi vous voulez, vous pouvez me guérir. Je crois que vous
êtes le même qui êtes entré dans Jéruſalem ;
pardonnez-moi mes péchés , & je ſerai guérie.

En vain plufieurs la reprirent en lui difant de fe taire, & de fe retirer ; elle leur répondit : Laiffez-moi fuivre mon Dieu ; & elle crioit encore plus haut : Jefus, vous pouvez me guérir. Auffitôt elle fentit les plantes & les os de fes pieds tellement affermis, que fans aucun appui elle marcha avec les autres jufqu'à l'Eglife. Ce premier effet de la puiffance de Dieu fur elle lui ayant infpiré une ferme confiance que la fource du fang qui couloit encore feroit bientôt fechée, elle continuoit de prier en ces termes : Seigneur, que j'entre dans votre Temple, & je ferai entiérement guérie. Elle ne fut pas trompée dans fon efpérance : car fitôt qu'elle fut parvenue à l'entrée de l'églife, le fang s'arrêta ; & elle reçut une fanté fi parfaite, qu'elle affifta partie debout, partie à genoux, à la Meffe folemnelle & au refte de l'Office qui dura plus de deux heures, & qu'elle s'en retourna chez elle délivrée de toute maladie & de toute douleur. Et vous Seigneur, &c.

℞. Elle s'approcha de lui par derrière ; car elle difoit en elle-même : Si je puis feulement toucher fon vêtement * Je ferai guérie. ℣. Jettez les yeux fur mes humiliations & ma peine ; & pardonnez-moi tous mes péchés. * Je ferai, &c. *S. Matth. 9. Pf. 24.*

Leçon Sixieme.

CEtte merveille ayant été dénoncée à l'Archevêque Louis-Antoine Cardinal de Noailles, & ayant été juridiquement conftatée par fes ordres dans une procédure régulière, pendant le cours de laquelle on entendit foixante témoins, & même quelques-uns de la Religion Prétendue-Réformée, n'y ayant aucun lieu de douter de la vérité, le miracle fut publié par un Mandement de l'Archevêque. Le Prélat indiqua de plus deux Proceffions folemnelles ; l'une, dans l'enceiñ

te de la Paroiffe , à laquelle il porta lui-même
le Corps facré de Jefus-Chrift ; l'autre , à l'Eglife
Métropolitaine. La femme guérie affifta à toutes les deux. Et pour conferver à la poftérité le
fouvenir d'un fi grand événement, l'Archevêque
ordonna que l'hiftoire en feroit gravée fur une
pierre érigée dans l'églife , & qu'on en célébrât
la mémoire tous les ans dans la Paroiffe de fainte
Marguerite par une Fête folemnelle le Dimanche dans l'Octave du faint Sacrement. Et vous
Seigneur , &c.

℞. Auffitôt les plantes & les os de fes pieds
s'affermirent : * Elle fe tint fur fes pieds , &
commença à marcher. † Tout le peuple la vit
comme elle marchoit, & ils furent remplis d'admiration. ℣. Ayez bon courage ; le tems s'approche auquel Dieu vous doit guérir. * Elle fe
tint, &c. Gloire au Pere, &c. † Tout le peuple ,
&c. *Act.* 3. *Tobie* 5.

AU III. NOCTURNE.

Pf. 41 *avec fa Divifion , Mercredi à Tierce.*
Ant. J'efpére de la multitude de vos miféri-
cordes, que j'entrerai dans votre maifon ;... car
je fçai , felon la ferme efpérance où je fuis , que
je ne recevrai point la confufion d'être trompée
en rien de ce que j'attends. *Pf.* 5. *Philipp.* 1.

Pf. 65 *Dimanche à l'Office de la Nuit.*
Ant. Voici ce que dit le Seigneur : J'ai entendu votre priére, & j'ai vu vos larmes , &
vous allez être guérie ; vous irez au Temple du
Seigneur. 4. *des Rois.* 20.

Pf. 75 *Samedi à l'Office de la Nuit.*
Ant. Ouvrez les portes , parce que Dieu eft
avec nous , & qu'il a fignalé fa puiffance dans
Ifraël. *Judith.* 13.

℣. C'eft-là la porte du Seigneur ; ℞. Les juftes
y entreront. *Pf.* 117.

LEÇON SEPTIEME.

Lecture du saint Evangile selon S. Marc. ch. 5.

EN ce tems-là; Une femme malade d'une perte de sang depuis douze ans, qui avoit beaucoup souffert entre les mains de plusieurs Médecins, & qui ayant dépensé tout son bien, n'en avoit reçu aucun soulagement, mais s'en étoit toujours trouvée plus mal, ayant entendu parler de Jesus, vint dans la foule par derriére, & toucha son vêtement, &c.

HOMÉLIE DE S. AMBROISE EVÊQUE.

Liv. des Vierges. ch. 16.

GOûtez & voyez combien le Seigneur est doux; heureux celui qui espére en lui. C'est en lui qu'a espéré cette femme qui étoit malade d'une perte de sang, & qui fut guérie tout d'un coup; mais c'est parce qu'elle s'est approchée de lui avec foi. Touchez de même avec foi au moins la frange de son vêtement, aussitôt le flux des voluptés du siécle aussi rapide qu'un torrent, sera séché par la chaleur du Verbe vivifiant; si cependant vous en approchez avec foi, si vous embrassez avec une pareille dévotion l'extrémité de la frange du Verbe divin; si tout tremblant vous vous prosternez aux pieds du Seigneur. Où sont les pieds du Verbe, sinon où est le corps de Jesus-Christ? O foi plus riche & plus précieuse que tous les trésors! ô foi, dont la puissance est au-dessus de toutes les forces du corps, plus salutaire que tous les Médecins du monde! Sitôt que cette femme s'est approchée de Jesus-Christ, elle a ressenti sa vertu, elle a obtenu sa guérison. Une maladie invétérée, une maladie incurable, qui avoit rendu inutiles toutes les découvertes de l'art & la dépense la plus considérable, est guérie par le seul attouchement d'une frange. Il faut donc qu'en approchant de Jefus-Chrift, vous imitiez la retenue & la fainte confufion de cette femme, & que votre foi foit animée de la confiance dont elle vous donné l'exemple. Et vous Seigneur, &c.

℞. La gloire du Seigneur eft fortie de l'entrée du Temple; * A l'entrée de la porte de la maifon du Seigneur. ℣. Auffitôt la fource du fang que cette femme perdoit fut féchée, & elle fut guérie à l'heure même. * A l'entrée, &c. *Ezéchiel.* 10. *S. Marc.* 5. *S. Matth.* 9.

Leçon Huitieme.

MAis combien eft grande cette grace par laquelle elle n'a pas rougi d'avouer fon mal, quoiqu'elle eût honte d'être vue. Ne cachez donc point vos chutes; avouez fincérement ce qu'il connoît déja; ne rougiffez point de ce dont les Prophêtes n'ont point rougi. Ecoutez Jérémie qui dit : Guériffez-moi, Seigneur, & je ferai guéri. C'eft ainfi que cette femme a auffi parlé, en touchant le bord du vêtement : Guériffez-moi, Seigneur, & je ferai guérie; fauvez-moi, & je ferai fauvée, parce que vous êtes ma gloire : car nul ne peut être en fanté, fi vous ne l'avez guéri. Si quelqu'un cependant vous dit (car les fidéles font fouvent tentés de cette façon) fi, dis-je, quelqu'un vous dit, Où eft la parole du Seigneur ? qu'elle s'accompliffe; car on a dit au Seigneur lui-même : Qu'il defcende de la Croix préfentement, & nous croirons en lui; il a mis fa confiance en Dieu, qu'il le délivre s'il l'aime. Si quelqu'un donc vous dit cela pour vous infulter, & qu'il veuille vous tourner en ridicule, ne lui répondez rien; car Jefus-Chrift n'a pas voulu répondre à de pareilles gens. N'interrogez que Jefus-Chrift : car fi vous leur parlez, ils ne vous croiront pas; & fi vous les interrogez,

ils

ils ne vous répondront pas. Dites au Verbe seul :
Je n'ai point été fatigué en vous suivant, & je
n'ai point defiré le jour de l'homme. Cette femme l'a dit, & le fang s'eft arrêté. Quoique fatiguée, quoique malade, après avoir long-tems
cherché Jefus-Chrift, elle dit cependant : Je n'ai
point eu de fatigue en marchant après vous. Car
l'ame qui fuit Jefus-Chrift n'eft point fatiguée,
puifqu'il invite ceux qui le font à venir à lui pour
fe repofer ; fuivons-le donc. Enfin lorfque Jefus-Chrift demandoit qui l'avoit touché, ne vous
femble-t-il pas entendre cette femme lui répondre : Pourquoi, Seigneur, le demandez-vous ?
Vous le fçavez. Tout ce que mes lévres prononc-
cent vous eft connu, & c'eft pour cela que je ne
rougis pas de vous avouer mes péchés. Et vous
Seigneur, &c.

℞. Préfentez-vous devant lui dans les tranf-
ports d'une fainte joie. * Entrez dans fon Temple en célébrant fes louanges : chantez des Hymnes en fon honneur dans fa Maifon Sainte : rendez-lui des actions de graces publiques & folemnelles. ℣. Elle entra avec eux dans le Temple en
marchant & louant Dieu. * Entrez dans, &c.
Pf. 99. Actes. 3.

LEÇON NEUVIEME.

Lecture du S. Evangile felon S. Luc. *ch.* 24.

EN ce tems-là ; Jefus dit à l'un de ceux qui
étoient à table avec lui dans la maifon d'un
des principaux Pharifiens : Un homme fit un jour
un grand fouper auquel il invita plufieurs perfonnes, &c.

HOMÉLIE DE S. GREGOIRE PAPE.
Homel. 36. *fur les Evangiles.*

IL y a cette différence, mes très chers Freres,
entre les délices corporelles & les fpirituelles,
que les délices corporelles excitent une foif ar-

B

dente de les posséder, lorsqu'on n'en jouit pas encore, & qu'elles dégoûtent par la satiété quand on en jouit ; au lieu que les délices spirituelles touchent peu lorsqu'on ne les goûte pas, & plaisent infiniment dans le tems qu'on s'en nourrit. Elles augmentent même la soif & l'ardeur qu'on a pour elles à mesure qu'on les goûte davantage. Dans les premiéres, c'est le desir de les avoir qui flatte, & la possession qui dégoûte ; dans les secondes, le desir flatte peu, mais la possession satisfait notre cœur. Dans les unes, le desir est suivi de la satiété, & la satiété du dégoût ; dans les autres, la satiété qui suit le desir, ne fait que rendre plus vif le goût qu'on a pour elles. Car les délices spirituelles augmentent le desir que nous avons de les posséder, en même-tems qu'elles nous rassasient ; parce que plus nous les goûtons, plus nous connoissons qu'il est juste de les aimer. C'est pour cela qu'on les estime peu quand on ne les posséde pas, parce qu'on ne les goûte pas. Qui pourroit en effet aimer ce qu'il ignore ? Aussi le Psalmiste nous invite à faire l'essai de ces délices, en disant : Goûtez & éprouvez combien le Seigneur est doux. Et vous Seigneur, &c.

℟. Ils adorerent le Seigneur en ce lieu ; & Anne fit sa priere en ces termes : * Le Seigneur m'a rempli le cœur d'allégresse, parce que je me suis réjouie dans le salut que j'ai reçu de vous. † Nul n'est saint comme le Seigneur ; nul n'est puissant comme notre Dieu. ℣. Elle sentit en elle-même qu'elle étoit guérie de sa maladie, & elle se prosterna devant lui, & lui dit : * Le Seigneur, &c. Gloire au Pere, &c. † Nul n'est saint, &c. 1. *Rois* 1 & 2. *S. Marc.* 5.

Nous vous adorons Dieu Tout-puissant, &c.
℣. *Sacerdotal.* Tous mes os diront : ℟. Seigneur, qui est semblable à vous ? *Ps.* 34.

A LAUDES.

Pf. 33 *avec fa Division, Jeudi à Sexte.*

Ant. Ma fille, votre foi vous a fauvée ; allez en paix, & foyez guérie de votre maladie. *S. Marc.* 5.

Pf. 47 *Samedi à Sexte.*

Ant. Allez-vous-en chez vous trouver vos pro-ches, & leur annoncez les grandes graces que vous avez reçues du Seigneur, & les miféricor-des qu'il vous a faites. *S. Marc.* 5.

Pf. 102 *avec fa Division, Mercredi à Sexte.*

Ant. S'en étant allée elle commença à publier les grandes graces qu'elle avoit reçues de Jefus ; & tout le monde étoit ravi en admiration. *S. Marc.* 5.

C A N T I Q U E. *Tobie* 11. & 12.

JE vous benis, Seigneur Dieu d'Ifraël, de ce que vous m'avez châtié, & de ce que vous m'avez guéri.

Béniffez le Dieu du Ciel, & rendez-lui gloire devant tous les hommes, parce qu'il a fait écla-ter fur vous fa miféricorde.

Car il eft bon de tenir caché le fecret du Roi ; mais il y a de l'honneur à découvrir & à pu-blier les œuvres de Dieu.

Béniffez-le donc, & chantez fes louanges ; & publiez toutes fes merveilles. Gloire au Pere, &c.

Ant. Ils furent tous remplis d'un extrême éton-nement, & ils rendoient gloire à Dieu en di-fant : Nous avons vu aujourd'hui des chofes mer-veilleufes. *S. Luc.* ch. 5.

Pf. 147 *Jeudi à Laudes.*

Ant. Ses voifins & fes parens ayant appris que le Seigneur avoit fignalé fa miféricorde à fon égard, s'en réjouiffoient avec elle. *S. Luc.* 1.

C A P I T U L E. *Judith.* 13.

TOus coururent à elle depuis le plus petit juf-qu'au plus grand, & s'affemblérent tous au-tour d'elle, & elle dit : Louez le Seigneur notre

Dieu, qui n'a point abandonné ceux qui eſpé-
roient en lui, qui a accompli en moi, qui
ſuis ſa ſervante, la miſéricorde qu'il avoit pro-
miſe à la maiſon d'Iſraël.

HYMNE.

TOUS les ſpectateurs ſont émus.
    La malade avec eux dans un tranſport extrême
    Marche au triomphe de *Jeſus*,
Et devient de *Jeſus* le triomphe elle-même.
    Le ſang couloit pourtant toujours.
Le Ciel n'accorda pas une grace ſubite;
    Et ralentiſſant le ſecours,
En fit par le progrès mieux ſentir le mérite.
    L'HEUREUSE femme en ce moment
Sent augmenter ſa foi; ſon eſpoir l'encourage;
    Et d'un parfait ſoulagement
Elle goûte déja l'infaillible préſage.
    OUI; je prévois ma guériſon,
Dit-elle en regardant la victime ſacrée,
    Pourvu que de votre maiſon
Je puiſſe ſeulement, Seigneur, toucher l'entrée.
    O miracle à nos yeux produit!
Le mal, qui juſqu'au temple avoit porté ſa courſe,
    Par reſpect à la porte fuit.
Le ſang ne coule plus, & remonte à ſa ſource.
    SEIGNEUR, épure ainſi nos cœurs,
Rens-les par ta bonté capables de te plaire;
    Lave les taches de nos mœurs,
Et ne nous laiſſe pas ſouiller ton ſanctuaire.
    GLOIRE au Pere le Créateur.
Gloire au Fils que pour nous ſon amour ſacrifie.
    Gloire à l'Eſprit Conſolateur
Qui nous éclaire enſemble, & qui nous purifie.
    Amen.
    ℣. Vive le Seigneur, & que mon Dieu ſoit bé-
ni: ℞. Et que le Dieu qui me ſauve ſoit glorifié.
Pſ. 17.   *A* Benedictus.
    Ant. Béni ſoit le Seigneur qui a créé le ciel & la

terre ; ... parce que le Dieu d'Ifraël fera glorifié en vous parmi tous les peuples qui entendront parler de votre nom. *Judith.* 13.

ORAISON.
Elle fe dit à tout l'Office , excepté à la Meffe.

O Dieu qui par votre Verbe caché au S. Sacrement de l'Autel avez fait le premier des miracles par lefquels vous confolez votre Eglife affligée ; donnez-nous l'unité , la fimplicité & l'intégrité de la foi que vous avez récompenfée dans la femme guérie ; afin que tous les fcandales de l'incrédulité , de l'héréfie & du fchifme étant retranchés , nous vous glorifiions tous d'un même cœur & d'une même bouche, vous qui êtes Dieu & le Pere de votre même Verbe J. C. notre Seigneur qui étant Dieu vit & regne avec vous &c.

Pour la Mémoire du Dimanche.

Ant. Seigneur , j'ai fait ce que vous avez commandé , & il y a encore de la place. Le maître dit à fon ferviteur : Allez dans les chemins & le long des haies , & forcez les gens d'entrer , afin que ma maifon fe rempliffe. *S. Luc.* 14.

℣. Les pauvres mangeront & feront raffafiés : ℟. Ils vivront éternellement. *Pf.* 21.

ORAISON.

O Dieu qui nourriffez votre Eglife par le Sacrement ineffable de votre fang précieux, répandez fur elle l'efprit vivifiant , afin que vivant de vous fur la terre par la participation à ce myftère célefte, elle mérite de vivre avec vous dans le Ciel ; vous qui étant Dieu vivez & regnez avec Dieu le Pere en l'unité du même S. Efprit dans tous les fiécles des fiécles. Amen.

AUX HEURES

La Doxologie suivante.

Gloire à vous, ô Jesus, qui jugez vous-même votre cause ; soyez honoré avec le Pere & le S. Esprit dans tous les siécles des siécles. Amen.

Pseaumes du Dimanche.

A PRIME.

Ant. Ma fille, votre foi, &c.

Au ℞. *bref.* ℣. Vous qui glorifiez votre main & votre bras droit, * Ayez pitié de nous. *Ecclesiastique.* 36.

CANON.

Du Livre vingt-deuxième de la Cité de Dieu de saint Augustin Evêque. ch. 8.

Il se fait encore maintenant des miracles au nom de Jesus-Christ, soit par ses Sacremens, soit par les priéres & les Reliques de ses Saints. Car, sans parler des autres, si je voulois écrire tous les miracles de guérison qui ont été faits dans notre Colonie, il en faudroit faire plusieurs livres ; encore ne pourroit-on pas les rassembler tous, mais ceux-là seulement dont on a donné des rélations pour être lues dans les assemblées ; car nous l'avons ordonné ainsi, voyant de nos jours des signes fréquens de la puissance divine semblables aux anciens, & dont on ne devoit pas laisser perdre la connoissance. Et vous Seigneur ayez pitié de nous. ℞. Rendons graces à Dieu.

A LA PROCESSION.

Pendant l'exposition du S. Sacrement.

Ant. Seigneur, vous êtes mon Dieu : je vous glorifierai, & je bénirai votre nom ; parce que vous avez fait des prodiges, & que vous avez fidélement exécuté vos deſſeins éternels. Amen. *Iſaïe* 25.

PENDANT LA MARCHE.

℟. Le Seigneur eſt ma force & ma gloire ; & c'eſt de lui que vient mon ſalut. * Vous puiſerez avec joie de l'eau des fontaines du Sauveur, & † Vous direz en ce jour-là : Chantez les louanges du Seigneur, publiez ſes merveilles parmi les nations. ℣. Si quelqu'un a ſoif, qu'il vienne à moi & qu'il boive ; il ſortira des fleuves d'eau vive du cœur de celui qui croit en moi. * Vous puiſerez. Gloire au Pere, &c. † Vous direz en ce jour-là, &c. *Iſaïe.* 12. *S. Jean.* 7.

℣. Le fleuve qui coule dans la Cité de Dieu, la remplit de joie : ℟. Dieu eſt au milieu de cette Cité ſainte. *Pſ.* 45.

ORAISON.

SEigneur Jéſus, qui êtes la ſource d'eau vive d'où une femme très infirme a puiſé des eaux avec joie lorſque vous l'avez guérie ; faites-nous cette grace ; qu'étant tout tranſportés d'une ſainte allégreſſe en ce jour que vous avez fait, nous approchions de votre ſaint Autel avec une foi ſi vive, & une ſoif ſi ardente, qu'il ſorte de nos cœurs des fleuves d'eau vive qui faſſent connoître vos merveilles parmi les peuples ; vous qui étant Dieu, vivez & regnez. ℟. Amen.

A TIERCE.

Ant. Allez-vous-en chez vous, &c.

CAPITULE. *Tob.* 12.

ALors s'étant proſternés le viſage contre terre pendant trois heures, ils bénirent Dieu ; & s'étant levés ils racontérent toutes les merveilles qu'il avoit faites en leur faveur.

℟. *Bref.* Venez, écoutez, vous tous qui craignez Dieu; * Alleluia Alleluia. Venez, écoutez, &c ℣. Et je vous raconterai tout ce qu'il a fait en ma faveur. * Alleluia. Gloire au Pere, &c. Venez écoutez, &c. *Pf.* 65.

℣. Qu'ils lui offrent des facrifices de louanges; ℟. Et qu'ils annoncent avec joie fes œuvres miraculeufes. *Pf.* 106.

L'oraifon à Laudes.

A LA MESSE.

INTROÏT.

CHantez à la gloire du Seigneur, parce qu'il a fait des chofes magnifiques; qu'on en foit inftruit dans toute la terre. Vous qui habitez dans Sion, treffaillez de joie, & louez Dieu; parce que le Saint d'Ifraël a fait éclater fa grandeur au milieu de vous. *Pf.* Rendez gloire au Seigneur & invoquez fon nom: publiez toutes fes merveilles. Gloire au Pere, &c. Chantez à la gloire, &c. *Ifaïe.* 12. *Pf.* 104.

ORAISON.

O Dieu dont le Fils unique adoré & invoqué au S. Sacrement de l'Autel a rendu une fanté parfaite à une femme trés-infirme; augmentez en nous la foi d'un fi grand myftére, & faites que nous la prouvions par une charité ardente, des œuvres faintes & de dignes communions. Nous vous le demandons par le même J. C. notre Seigneur qui étant Dieu, &c.

EPITRE.

Leçon du Livre de la Sageffe. ch. 16.

VOus avez traité favorablement votre peuple, en lui donnant la nourriture délicieufe qu'il avoit défirée, & lui préparant des cailles comme une viande d'un excellent goût. Les Egyptiens étant preſſés de manger , avoient averſion des viandes même les plus néceſſaires , à cauſe des plaiés dont Dieu les avoit frappés. Mais ceux-ci n'ayant été dans le beſoin que fort peu de tems, goûtérent une viande toute nouvelle. Car il falloit qu'une ruine inévitable fondît ſur ces premiers qui exerçoient une tyrannie ſur votre peuple ; & que vous fiſſiez voir ſeulement à ceux-ci de quelle maniére vous exterminiez leurs ennemis. Il eſt vrai que des bêtes cruelles & furieuſes ont auſſi attaqué vos enfans , & que des ſerpens venimeux leur ont donné la mort : mais votre colére ne dura pas toujours ; ils ne furent que peu de tems dans ce trouble , pour leur ſervir d'avertiſſement ; & vous leur donnâtes un ſigne de ſalut , pour les faire ſouvenir des commandemens de votre loi. Car celui qui regardoit ce ſerpent n'étoit pas guéri par ce qu'il voyoit , mais par vous-même qui êtes le Sauveur de tous les hommes : & vous avez fait voir en cette rencontre à nos ennemis que c'eſt vous qui délivrez de tout mal. Car pour eux ils ont été tués par les ſeules morſures des ſauterelles & des mouches , ſans qu'ils aient trouvé de remédes pour ſauver leur vie ; parce qu'ils étoient dignes d'être ainſi exterminés. Mais pour vos enfans les dents même empoiſonnées des dragons ne les ont pu vaincre ; parce que votre miſéricorde les a guéris. Ils étoient mordus de ces bêtes , afin qu'ils ſe ſouvinſſent de vos préceptes : & ils étoient guéris à l'heure même , de peur que tombant dans un profond oubli de votre loi , ils ne miſſent un obſtacle à votre ſecours. Auſſi n'eſt-ce point une herbe ou quelque choſe appliquée ſur leur mal qui les a guéris ; mais c'eſt votre parole, ô Seigneur , qui guérit toutes choſes. Car c'eſt vous , Seigneur , qui avez la puiſſance de la vie & de la mort , & qui menez juſqu'aux portes de la mort , & qui en ramenez.

GRADUEL.

VOus êtes vraiment le Dieu caché , le Dieu d'Ifraël le Sauveur. ℣. Les fabricateurs de l'erreur ont été tous confondus , ils rougiffent de honte , & ils font tous couverts de confufion. *Ifaïe*. 45.

Alleluia , Alleluia. ℣. Des cris de joie & de victoire retentiffent dans les tentes des juftes ; la droite du Seigneur a fignalé fa force. *Pf.* 117. Alleluia.

PROSE.

IL nous faut célébrer avec des hymnes & des chants de triomphe cette fête folemnelle , dont l'objet eft de recommander à tous les fidéles l'unité de cœur & d'efprit.

Troublée qu'elle étoit par la contagion des erreurs , & la divifion des fchifmes, Jéfus-Chrift l'affermit par un prodige éclatant de fa puiffance.

Une femme affligée d'une perte de fang languiffoit depuis long-tems ; elle n'avoit déja plus de force , ne pouvoit marcher , & fes yeux ne pouvoient plus fupporter la lumiére.

Tout l'art de la Médecine lui étoit devenu inutile ; la maladie alloit de pis en pis ; elle avoit dépenfé tout fon bien ; & la longueur de ce mal l'avoit entiérement accablée.

Il y avoit alors un Pafteur recommandable en œuvres & en paroles , mais odieux aux Docteurs dont il falloit réfuter les erreurs.

Les faux-frères avoient perfuadé à plufieurs qui étoient foibles dans la foi , de fe féparer de lui , & d'abandonner fon églife.

Lorfque ce pafteur portoit folemnellement en proceffion le Dieu caché , cette femme animée d'une grande confiance vint à lui en fe traînant fur fes mains & fes genoux.

Si vous voulez , s'écria-t-elle , ô Jéfus , vous pouvez arrêter dans ce moment le cours de cette maladie. Pardonnez-moi mes péchés. A peine a-t'elle dit ces paroles qu'elle se léve, & marche le reste du chemin.

Quoique le sang coulât encore, elle ne fut pas néanmoins confondue dans son espérance ; elle arrive à la porte de l'église ; & le flux, comme s'il eut été repoussé, s'arrête à l'instant.

Que les hérétiques croient donc ; que les impies & les libertins se taisent ; que les schismatiques rougissent de honte, & que les vrais fidéles se réjouissent.

Ne cessez pas, ô Jesus, de regarder favorablement votre épouse que vous consolez avec tant de bonté ; perfectionnez en elle le zéle de la doctrine que vous établissez avec tant de puissance.

Que la même foi éclaire nos esprits ; que la même piété régle nos actions ; que la même charité embrâse nos cœurs ; que la même société nous unisse dans nos priéres. Amen.

EVANGILE.

Suite du S. Evangile selon S. Marc. ch. 5.

EN ce tems-là : Une femme malade d'une perte de sang depuis douze ans, qui avoit beaucoup souffert entre les mains de plusieurs Médecins, & qui ayant dépensé tout son bien, n'en avoit reçu aucun soulagement, mais s'en étoit toujours trouvé plus mal ; ayant ouï parler de Jesus, vint dans la foule par derriére, & toucha son vêtement ; car elle disoit : Si je puis seulement toucher son vêtement, je serai guérie. Au même instant la source du sang qu'elle perdoit fut séchée, & elle sentit dans son corps qu'elle étoit guérie de sa maladie. Aussitôt Jesus connoissant en soi-même la vertu qui étoit sortie de lui, se retourna au milieu de la foule, & dit : Qui est-ce qui a touché mes vêtemens ? Ses Disciples lui dirent : Vous voyez que la foule vous presse de tous côtés, & vous demandez qui vous a touché ?

Et il regardoit autour de lui pour voir celle qui l'avoit touché. Mais cette femme qui savoit ce qui s'étoit passé en elle, étant saisie de crainte & de frayeur, vint se jetter à ses pieds, & lui déclara toute la vérité. Et Jesus lui dit: Ma fille, votre foi vous a sauvée; allez en paix, & soyez guérie de votre maladie.

Je crois en un seul Dieu, &c.　　OFFERTOIRE.

APportez au Seigneur vos présens, enfans de Dieu; venez rendre au Seigneur l'honneur & la gloire qui lui sont dûs. Adorez le Seigneur à l'entrée de son auguste Sanctuaire. Le Dieu de majesté a tonné; que cette voix du Seigneur a de force! qu'elle a de magnificence & d'éclat! Alleluia. *Ps.* 28.

SECRETTE.

QUe la même force par laquelle vous allez changer les dons offerts, convertisse à vous, Dieu tout-puissant, les cœurs de nos freres errans, & de tous ceux qui disent en eux-mêmes, Il n'y a point de Dieu: & puisque vous avez voulu que tout le monde connût qu'une femme très infirme a été guérie par la foi en J. C. caché (au S. Sacrement) faites qu'en renonçant aux fables vaines, ils réduisent leurs esprits en servitude pour le soumettre à l'obéissance du même Jesus-Christ votre Fils notre Seigneur qui étant Dieu, &c.

PRÉFACE.

IL est véritablement juste & raisonnable, il est équitable & salutaire de vous rendre graces toujours & en tout lieu, Seigneur très-saint, Pere tout-puissant, Dieu éternel, par Jesus-Christ notre Seigneur: Qui se montrant avec éclat à travers la nuée redoutable de ce Sacrement, a prouvé par la vertu émanée de lui, qu'il est vraiment le Dieu caché, & le Chef des Saints que vous avez choisi, vous qui êtes le fidéle & le véritable, pour

défendre votre cause par des miracles & des prodiges. Vous vous êtes donc levé ; & en jugeant &
combattant avec justice, vous êtes venu au secours
de votre Eglise parmi ce grand nombre de maux
qui l'affligent, de persécutions qui l'agitent, de
divisions qui la déchirent. Vous avez fait entendre votre jugement du haut du Ciel : les humbles
l'ont entendu, & s'en sont réjouis ; les insensés &
les cœurs fiers en ont été confus & troublés. Pour
nous à qui vous avez donné d'être les premiers témoins de ce triomphe éclatant de la vérité, pleins
d'admiration d'une bonté si gratuite ; transportés
de joie par une consolation si sensible ; pénétrés
d'amour & de reconnoissance pour une si grande
charité, nous vous bénissons, Dieu tout-puissant,
& nous relevons votre grandeur autant que nous
le pouvons ; confessant devant vous que vous êtes
au dessus de toute louange. C'est pourquoi nous
nous unissons aux Anges & aux Archanges, aux
Trônes & aux Dominations, & à toute la troupe
des Esprits célestes pour chanter une Hymne à votre gloire, disant sans cesse... Saint, &c.

COMMUNION.

IL se faisoit beaucoup de prodiges & de merveilles, & tous ceux qui croyoient étoient tous
unis ensemble, & alloient au Temple dans l'u-
nion d'un même esprit, rompant le pain avec
joie & simplicité de cœur. *Actes.* 2.

POST-COMMUNION.

SEigneur Jesus, qui pour affermir parmi nous
l'unité & la paix, avez voulu guérir miraculeusement dans le Sacrement de votre amour une
femme très-infirme ; faites-nous la grace de n'a-
voir tous ensemble qu'un cœur & qu'une ame,
comme par votre chair vivifiante dont nous nous
sommes nourris, nous ne sommes tous avec vous
qu'une même chose ; vous qui étant Dieu vivez

& regnez avec Dieu le Pere en l'unité du S. Esprit dans tous les siécles des siécles. ℞. Amen.

A SEXTE.

Ant. S'en étant allée, &c.

CAPITULE. *Daniel.* 3.

LE Dieu très-haut a fait des prodiges & des merveilles (en ma personne ;) j'ai donc résolu de publier ses prodiges, parce qu'ils sont grands, & ses merveilles parce qu'elles sont étonnantes : car son Royaume est un royaume éternel, & sa puissance s'étend dans la suite de tous les siécles.

℞. *Bref.* Est-il un Dieu grand comme le Dieu que nous adorons. * Alleluia ; alleluia. Est-il un Dieu, &c. ℣. Vous êtes le Dieu qui faites les miracles. Alleluia, &c. Gloire au Pere, &c. Est-il un Dieu, &c. *Pf.* 76.

℣. Seigneur je vous louerai de tout mon cœur : ℞. Je raconterai toutes vos merveilles. *Pf.* 9.

L'Oraison à Laudes.

A NONE.

Ant. Ses voisins & ses parens, &c.

CAPITULE. *Judith.* 13.

LE Seigneur m'a fait revenir à vous comblée de joie de le voir demeurer vainqueur... Rendez-lui tous vos actions de graces, parce qu'il est bon, parce que sa miséricorde s'étend dans tous les siécles. Amen.

℞. *Bref.* Vous me tirez, Seigneur, des portes de la mort : * Alleluia, alleluia. Vous me tirez, &c. ℣. Afin que je publie toutes vos louanges aux portes de la fille de Sion. Alleluia, &c. Gloire au Pere, &c. Vous me tirez, &c. *Pf.* 9.

℣. Les justes, témoins de ces merveilles, s'en réjouiront : ℞. Et l'iniquité n'osera plus ouvrir la bouche. *Pf.* 106.

L'Oraison à Laudes.

AUX II. VESPRES.

Pf 115 Jeudi à Vêpres.

Ant. Le Pontife avec tous ses Prêtres &
tout le Peuple vint adorer le Seigneur ; & ils lui
offrirent leurs holocaustes , & ils s'acquittérent de
leurs vœux & de leurs promesses. *Judith.* 15.&. 16.

Pf. 116 Samedi à Laudes.

Ant. Il dit au Peuple : Souvenez-vous de ce
jour , & vous le célébrerez de race en race par un
culte perpétuel comme une fête solemnelle à la
gloire du Seigneur. *Exod.* 12 & 13.

Pf. 121 Mardi à Vêpres.

Ant. En ce jour-là vous direz à votre fils : Je
solemnise la mémoire de ce qu'a fait le Seigneur ;
& il y aura un monument suspendu devant vos
yeux pour exciter votre souvenir. *Exod.* 13.

Pf. 125 Lundi à Vêpres.

Ant. Vous êtes mes témoins , dit le Seigneur ,
& mon Serviteur que j'ai choisi , (*a*) afin que
vous sçachiez , que vous me croyiez , & que
vous compreniez que c'est moi-même qui suis.
Isaïe. 43.

Pf. 132 Mardi à Vêpres.

Ant. Sauvez-vous de cette race corrompue , en
persévérant dans la doctrine des Apôtres, dans
la communion & la fraction du pain , & dans les
priéres ; louans Dieu dans le temple unis de cœur
& d'esprit. *Actes.* 2.

[*a*] Ce serviteur que Dieu a choisi pour être son témoin , est Jesus-Christ que Dieu déclare au chap. 41 du
même Prophète qu'il est son élu en qui son ame a mis
toute son affection ; & au chap. 55, qu'il le donne pour
témoin aux peuples. Saint Jean au chap. 1. de l'Apoca-
lypse l'appelle le témoin fidèle. Reconnoissons donc tout
le prix de son témoignage dans ce miracle, & soyons nous-
mêmes les témoins de Dieu par un attachement inviolable
à la cause en faveur de laquelle il l'a opéré.

CAPITULE. *Ephef.* 4.

REuniſſons-nous tous dans l'unité d'une même foi, afin que nous ne ſoyons plus comme des enfans, comme des perſonnes flottantes, & qui ſe laiſſent emporter à tous les vents des opinions humaines par la tromperie des hommes, & l'adreſſe qu'ils ont à engager artificieuſement dans l'erreur : maîs pratiquant la vérité par la charité croiſſons en toutes choſes dans Jeſus-Chriſt qui eſt notre chef.

HYMNE.

O Vous qui de Sion chériſſez la mémoire,
Vous que touche l'honneur du Monarque des
　　　Cieux,
Venez tous célébrer la nouvelle victoire,
De *Jeſus* ſon Fils glorieux.

　SA main qui fut jadis ſi féconde en merveilles,
Veut bien, de tems en tems ouverte au genre hu-
　　　main,
Lui faire voir encor par des œuvres pareilles,
Qu'elle eſt toujours la même main.

　IL conſole par-là cette épouſe fidelle,
Qu'au prix de ſon ſang propre il a ſçu conquérir.
Il conſterne par-là le troupeau trop rebelle,
Qu'il voit s'égarer & périr.

　NON ; plutôt il l'invite à rentrer dans la voie.
Vagabondes brebis, objet de ſon travail,
Pourquoi différez-vous à lui donner la joie
De vous ramener au bercail ?

　QUI peut vous arrêter ? Dieu lui-même s'ex-
　　　plique ;
Tout Paris à vos yeux s'empreſſe à le louer.
Vous ne pouvez nier un prodige authentique ;
Et vous ne l'oſez avouer.

　CESSEZ enfin de paître une herbe meurtriére :
Pour vous dans notre champ croît un thyn pré-
　　　cieux.
Quand la vérité brille : à ſa vive lumiére

　　　　　　　　　　　　　Quel

Quel bandeau dérobe vos yeux?

GRAND Dieu! c'eſt à toi ſeul d'achever ton ouvrage.

Sur d'aveugles humains rends ton triomphe entier;

Et que ta grace ajoute en domptant leur courage
Un plus grand miracle au premier.

Nous heureux ſucceſſeurs de la foi paternelle,
Peuple à l'Egliſe ſainte en naiſſant attaché,
Plus fermes que jamais, redoublons notre zéle
Pour le culte d'un Dieu caché

GLOIRE au Pere immortel; gloire à ſon Fils
unique;

Gloire à l'Eſprit Divin, dont le feu vif & pur
D'un cœur déja fervent fait un cœur ſéraphique,
Et ſçait amollir le plus dur. Amen.

℣. Dieu eſt dans ſon ſanctuaire: ℟. C'eſt Dieu
qui raſſemble dans une même demeure ceux qui
ſont unis de cœur & d'eſprit. *Pſ.* 67.

A Magnificat.

Ant. Que le Dieu de patience & de conſolation
vous faſſe la grace d'être toujours unis de ſentimens & d'affection les uns avec les autres ſelon
l'eſprit de Jeſus-Chriſt, afin que d'un même cœur
& d'une même bouche vous glorifiiez Dieu le Pere
de notre Seigneur Jeſus Chriſt. *Rom.* 15.

L'Oraiſon à Laudes.
Pour la mémoire du Dimanche.

Ant. Je vous aſſure que nul de ces hommes
qui étoient invités, n'auront part à mon feſtin.
Luc. 14.

℣. Que les pécheurs périſſent devant Dieu:
℟. Mais que les juſtes ſoient dans la joie & le
raviſſement. *Pſ.* 67.

L'Oraiſon à Laudes.

A COMPLIES.

Ant. Il faut que je faſſe les œuvres de celui
qui m'a envoyé pendant qu'il eſt jour; la nuit

C

vient dans laquelle perſonne ne peut agir. *Jean.* 9?
A Nunc dimittis.

Ant. Marchez pendant que vous avez la lumiére , de peur que les ténébres ne vous ſurpren-
nent : pendant que vous avez la lumiére , croyez
en la lumiére. *Jean.* 12.

A LA PROCESSION SOLEMNELLE
qui ſe fait après Complies.

Pendant qu'on deſcend le ſaint Sacrement.

Ant. C'eſt-là vraiment celui qui eſt notre Dieu ;
nous l'avons attendu , & il nous ſauvera. C'eſt
lui qui eſt le Seigneur ; nous l'avons attendu
longtems , & nous allons être pleins d'allégreſſe ; nous ſerons ravis de joie dans le ſalut qu'il
nous donne. *Iſaïe.* 25.

En ſortant du Chœur.

Ant. Que Dieu ſe léve , & que ſes ennemis
ſoient diſſipés : que ceux qui le haïſſent fuient
loin de lui. Préparez-lui le chemin , ſoyez en
ſa préſence dans de ſaints tranſports de joie ; il
va faire entendre une voix puiſſante : glorifiez
le Dieu ſuprême ; ſa magnificence éclate ſur Iſraël. *Pſ.* 67.

En ſortant de l'égliſe.

℟. Jeſus s'en alla , & il étoit ſuivi d'une grande foule de peuple qui le preſſoit. * Alors une
femme malade d'une perte de ſang ayant ouï parler de Jeſus , vînt dans la foule , & † Elle toucha le bord de ſa robe. *Marc.* 5. *Luc.* 8.

C A N T I Q U E. *Judith.* 9.

SE proſternant devant le Seigneur , elle crioit
vers lui en diſant : Aſſiſtez-moi , je vous prie ,
Seigneur mon Dieu.

Car c'eſt vous qui avez fait les anciennes merveilles , & qui avez réſolu d'exécuter vos différens deſſeins chacun dans ſon tems : & il ne s'eſt
fait que ce que vous avez voulu.

Toutes vos voies ſont déja préparées : & vous avez établi vos jugemens dans l'ordre de votre providence.

Ceux-ci, Seigneur, s'appuient ſur leur grande multitude, & ſe glorifient dans leurs chariots : & ils ne ſçavent pas que c'eſt vous qui êtes notre Dieu, & que votre nom eſt le Seigneur.

Elevez en haut votre bras comme vous avez fait autrefois : briſez leur force par votre force.

Car votre puiſſance, Seigneur, n'eſt pas dans la multitude des hommes : vous ne vous plaiſez pas dans la force des chevaux.

Et dès le commencement du monde les ſuperbes ne vous ont point plu : mais vous avez toujours agréé les prieres de ceux qui ſont humbles & doux.

Dieu des cieux, Créateur des eaux, Seigneur de toute créature, exaucez moi : exaucez celle qui a recours à vous dans ſa miſére, & qui préſume de votre miſéricorde.

Souvenez-vous, Seigneur, de votre alliance, afin que votre maiſon demeure toujours dans la ſainteté qui lui eſt propre ;

Et que toutes les nations connoiſſent que c'eſt vous qui êtes Dieu, & qu'il n'y en a point d'autre que vous.

Gloire au Pere, &c.

℣. O Dieu, lorſque vous marchiez à la tête de votre peuple, lorſque vous paſſâtes ; les Princes du peuple vous précédoient avec des chœurs de muſique. *Pſ.* 64. * Alors, &c. Gloire au Pere, &c. † Elle toucha, &c.

L'Hymne de Matines.
A la premiere Station.

Ant. Qui eſt-ce qui m'a touché ? Maître, la foule du peuple vous preſſe & vous accable, & vous demandez qui vous a touché ? Quelqu'un m'a touché ; car j'ai reconnu qu'une vertu eſt ſortie de moi. *Luc.* 8.

℣. C'eſt l'ouvrage du Seigneur ; ℞. Et nos yeux le voient avec admiration. *Pſ.* 117.

ORAISON.

Dieu caché, qui avez exaucé ſa priére d'une femme trés-infirme lorſqu'elle a crié vers vous en ce lieu, & qui par le don d'une guériſon miraculeuſement commencée avez puiſſamment affermi ſa foi pour en obtenir une parfaite, donnez-nous la grace de n'être point de ces troupes qui vous preſſent & vous accablent ; mais qu'à l'exemple de la femme guérie, nous vous touchions par une foi vive, & que nous recevions pour prix de notre foi le ſalut de nos ames ; vous qui étant Dieu vivez & regnez. Amen.

En partant du Repoſoir.

℞. J'ai crié au Seigneur dans le fort de mon affliction, & il m'a exaucé. J'ai dit : Je verrai encore votre ſaint Temple : * Et vous retirerez ma vie de la corruption, ô Seigneur mon Dieu ; afin † Que ma priére monte juſqu'à vous, juſqu'à votre ſaint Temple. *Jonas.* 2.

Cantique d'Ezéchias, Mardi à Laudes.

℣. Au milieu de la place de la ville eſt l'arbre de vie, & les feuilles de cet arbre ſont pour guérir. *Apoc.* 22. * Et vous retirerez, &c. Gloire au Pere, &c. † Que ma priére, &c.

L'Hymne des Laudes.

℞. Comme elle continuoit ainſi à prier devant le Seigneur, le Seigneur ſe ſouvint d'elle ; * Et Anne dit : † Je ſuis cette femme que vous avez vu ici prier le Seigneur, & le Seigneur m'a accordé la demande que je lui ai faite. 1. *Liv. Rois.* 1.

Cantique d'Anne, Jeudi à Laudes.

℣. Ils prioient Jeſus en diſant : Faites ce qu'elle demande afin qu'elle s'en aille, parce qu'elle crie derriere nous. Jeſus dit : O femme, votre foi eſt grande ; qu'il vous ſoit fait comme vous

le defirez. *Matth.* 15. * Et Anne dit, &c. Gloire au Pere, &c. † Je fuis cette femme, &c.

L'Hymne des II. Vêpres.

Action de graces pour tous les Miracles.

Tous les Difciples en foule étant tranfportés
de joie, commencerent à louer Dieu à haute
voix pour toutes les merveilles qu'ils avoient
vues, en difant : * Béni foit le Roi qui vient
au nom du Seigneur ; que la paix foit dans le
Ciel, & gloire au plus haut des Cieux. *Luc.* 19.

Pf. 144 *avec fes Divifions, Jeudi à Vêpres.*

℣. Ils virent les effets de la main puiffante
que le Seigneur avoit étendue ; alors le peuple
craignit le Seigneur, & ils chanterent ce cantique au Seigneur, & ils dirent : * Beni foit, &c.
Exod. 14. & 15.

*A la feconde Station, à l'Autel de l'Abbaye
faint Antoine.*

Ant. Je regardai, & je vis un Agneau qui étoit-
là comme égorgé ; on lui donna une couronne,
& il partit en vainqueur, pour remporter des
victoires. Ciel, foyez dans la joie, & vous auffi
faints Apôtres & faints Prophêtes ; parce qu'il a
jugé en votre faveur : Amen, Alleluia. Louez
notre Dieu vous tous qui êtes fes ferviteurs, &
qui le craignez petits & grands. Alleluia, ré-
jouiffons-nous, & faifons éclater notre joie, &
rendons-lui gloire. Alleluia. *Apoc.* 5. 6. 18. 19.

℣. Que les juftes foient dans la joie & le ra-
viffement devant le Seigneur : ℞. Qu'ils treffail-
lent d'allégreffe en fa préfence. *Pf.* 67.

O R A I S O N.

EN adorant l'Agneau comme égorgé, & triomphant dans ce facrement par un miracle admirable de guérifon, nous vous glorifions Seigneur notre Dieu ;& pleins de joie nous vous louons, & nous
vous rendons graces de ce que pour vanger la doctri-

ne des faints Apôtres & des faints Prophétes ;
vous étendez votre main pour opérer des guérifons, des prodiges & des merveilles au nom
du même Jefus votre faint Fils, qui étant Dieu
vit & regne avec vous. ℟. Amen.

A la troifiéme Station qui fe fait à la grille des
Religieufes.

Ant. Guériffez-moi, Seigneur, & je ferai guéri ; parce que vous êtes ma gloire. Je les en-
tends qui difent : Où eft la parole du Seigneur ?
qu'elle s'accompliffe : mais pour moi je n'ai point
été troublé en vous fuivant comme mon Pafteur.
Le Seigneur fauvera fon troupeau & fon peuple :
car qu'eft-ce que le Seigneur a de bon & d'excellent, finon le froment des élus, & le vin qui
fait germer les Vierges ? *Jérémie.* 17. *Zacharie.* 9.

℣. Il a envoyé fa parole, & les a guéris ;
℟. Et il les a tirés d'une mort prochaine & inévitable. *Pf.* 106.

ORAISON.

O Bon Pafteur, qui dans votre grande miféricorde vous êtes fait pour nous vainqueur & victime, prêtre & facrifice, le froment
des élus, & le vin qui fait germer les vierges ;
ne fouffrez pas que ceux qui vous fuivent foient
troublés, mais fauvez votre troupeau ; & daignez faire aujourd'hui par ce facrement pour le
falut des ames, ce que vous avez bien voulu
faire autrefois pour la guérifon des corps par
l'attouchement de vos habits ; vous qui étant
Dieu vivez & regnez. ℟. Amen.

En fortant de l'églife de faint Antoine.
℟. Voici ce que dit le Seigneur votre Dieu :
On ouvrira la porte du parvis intérieur ; le Prince
entrera, & il s'arrêtera * fur le pas de cette porte ;
† Et le peuple adorera le Seigneur devant cette
porte. *Ezéchiel.* 46.

Pf. 23 *Mardi à Laudes.*

℣. Cette femme ſçachant ce qui s'étoit paſſé en elle, déclara devant tout le peuple ce qui l'avoit porté à le toucher, & comment elle avoit été guérie à l'inſtant. *Marc.* 5. *Luc.* 8. * Sur le pas, &c. Gloire au Pere, &c. † Et le peuple adorera, &c.

HYMNE.

POrtes ouvrez vous ; voici que Jeſus-Chriſt entre victorieux dans ſon Temple. Et nous pleins de reconnoiſſance marchons à ſa ſuite pour accompagner un triomphe ſi digne de tous nos honneurs.

Lorſqu'il étoit viſible ſur la terre, il y établit les regles de l'unité, de la foi & des mœurs ; aujourd'hui quoique voilé il renouvelle ces mê-mes loix, & les confirme par un miracle évident.

O vous qui vous laiſſant conduire par les faux principes d'une aveugle raiſon, vous imaginez que Dieu ne ſe mêle de rien ; ayez honte de mépriſer la foi dans vos diſcours orgueilleux, comme ſi elle étoit vaine & inutile.

Si vous avez refuſé de ſoumettre vos eſprits au Seigneur ſur le témoignage de ſa parole ; croyez du moins en lui à préſent qu'il frappe vos yeux par des œuvres ſi merveilleuſes.

Et vous qui juſqu'à préſent vous êtes laiſſés aller à cet excés d'égarement de ne vouloir pas unir vos priéres à celles de vos freres, rentrez à la ſuite d'un tel guide dans votre maiſon pa-ternelle, contre laquelle vous avez conçu tant d'averſion.

A peine cette femme en a-t-elle touché l'en-trée, qu'elle eſt délivrée de ſa maladie, & que ſes forces lui ſont rendues à l'inſtant ; c'eſt ainſi, ô Jeſus, que vous rappellez charitablement les rebelles à l'unité.

Puiſque vous nous avez fait entendre une voix ſi puiſſante ; donnez-nous en même-tems dans votre grande miséricorde les oreilles dociles du cœur, & resserrez les liens de la paix déja lézés depuis trop long-tems.

Vous êtes notre seul & unique médiateur ; nous ne sommes tous ensemble qu'un même corps & un même pain. Qu'il n'y ait donc aussi parmi nous qu'une même loi, une même maison, & que nous soyons tous unis par le même esprit.

Que la louange suprême soit rendue au Pere ; qu'une louange égale soit rendue au Fils, qui étant le véritable releve la foi chancelante ; qu'une louange pareille vous soit aussi rendue dans toute l'éternité, vous qui êtes l'Esprit de l'un & de l'autre. Amen.

℟. Nous sommes tous un même pain, & un même corps ; * Nous qui participons au même pain & au même calice. 1. *aux Corinth.* 10.

Pf. 127 *Samedi à Vêpres.*

℣. Votre bonté, ô mon Dieu, a préparé pour le pauvre une nourriture délicieuse dans votre maison, où vous rassemblez les fidèles dans l'union d'un même cœur. *Pf.* 67. * Nous qui, &c. Gloire au Pere, &c. * Nous qui participons, &c.

℣. Nous qui sommes de la maison du Seigneur, nous vous bénissons : ℟. Le Seigneur est le vrai Dieu, & il a fait luire sur nous une nouvelle lumiere. *Pf.* 117.

ORAISON.

SEigneur Jesus, qui étant caché dans le Sacrement de l'unité & de la paix, avez achevé à l'entrée de ce (ou de votre) saint Temple la guérison d'une femme très infirme, que vous aviez commencée dans le chemin ; faites-nous demeurer tous dans votre maison avec un même esprit & un même cœur, nous qui participons au même pain & au même calice ; vous qui étant Dieu vivez & regnez. ℟. Amen.

L'Hymne, Nous vous adorons, &c.

℣. Célébrez avec moi la magnificence du Seigneur : ℟. Uniſſons-nous pour louer ſon ſaint Nom. *Pſ.* 33.

ORAISON.

O Dieu dont la miſéricorde eſt ſans bornes, & la bonté un tréſor infini , nous rendons graces à votre Majeſté pour les dons que nous en avons reçus , vous demandant avec inſtance que comme vous nous accordez ce que nous vous demandons, vous ne nous abandonniez pas , mais que vous nous conduiſiez par le bon uſage que nous en ferons à la récompenſe éternelle ; par Jeſus-Chriſt Notre-Seigneur , &c.

Pour l'Egliſe.

Ant. Priez donc maintenant le Dieu de toutes les créatures , qui a fait de grandes choſes , & qui nous a traités ſelon ſa miſéricorde , qu'il nous donne la joie du cœur , & que pendant nos jours & pour jamais il faſſe fleurir la paix dans Iſraël ; qu'il donne à Iſraël une ferme foi que la miſéricorde de Dieu eſt ſur nous , afin qu'il les délivre pendant leur vie. *Eccleſiaſtique* 50.

℣. Demandez la paix pour Jéruſalem. ℟. Que la paix ſoit dans tes fortereſſes , & l'abondance dans tes tours. *Pſ.* 121.

ORAISON.

L Aiſſez vous fléchir , Seigneur , & exaucez les priéres de votre Egliſe ; afin que délivrée de toute erreur & de toute adverſité , elle vous ſerve avec une liberté entiére ; par Jeſus-Chriſt notre Seigneur. Amen.

Antienne , verſet & Oraiſon pour le Roi.

Après la bénédiction on récitera le Pſ. De profundis avec l'Oraiſon pour les Prêtres , dans laquelle à la lettre (N) on dira le nom de Jean-Baptiſte ; & on y ajoutera l'Oraiſon pour une Défunte , dans laquelle on dira le nom d'Anne. C'eſt un tribut que l'on doit à la mémoire & de l'ouaille qui a été miraculeusement guérie, & du Pasteur entre les mains duquel le miracle a été opéré.

On trouvera à la fin de ce volume les trois Hymnes imprimées en latin pour la commodité de ceux qui les chantent à la Procession.

ORDRE DE L'OCTAVE.

CEux qui disent l'Office de Paris feront de l'Octave du S. Sacrement avec mémoire de celle du miracle jusqu'au Jeudi inclusivement. Le Vendredi & le Samedi ils feront de l'Octave du miracle.

Ceux qui ne disent pas l'Office, & qui auront la dévotion de faire une Octave complette du miracle, la feront comme il suit.

On dira à tout l'Office les Pseaumes de la Férie. Les antiennes, répons & versets des matines seront pris des trois Nocturnes de la fête ; c'est-à-dire, du premier pour le Lundi & le Jeudi ; du second, pour le Mardi & le Vendredi ; & du troisième, pour le Mercredi & le Samedi. Les leçons comme elles sont marquées ci-après pour chaque jour.

A LAUDES. *Les quatre Pseaumes de la Férie & le Cantique de la fête sous une seule Antienne, qui est la quatrième des Laudes.*

A VESPRES. *Les Pseaumes de la Férie aussi sous une seule Antienne, qui est la première des secondes Vêpres. Tout le reste comme au jour de la fête, même avec les deux* Alleluia *aux répons brefs des Heures.*

LE LUNDI AU NOCTURNE.

LEÇON PREMIERE.

Des Actes des Apôtres chap. 2 depuis le ℣. 42, jusqu'au 47 inclusivement.

LEÇON SECONDE.

Sermon de S. Jean Chrysostôme. *Exposition sur le Pf.* 110.

LE Seigneur a éternisé la mémoire de ses merveilles. Que veut dire : Il a éternisé la mémoire de ses merveilles ? Il n'a jamais cessé, dit-il, de faire des miracles ; car, voilà ce que veut dire, il a éternisé ; il n'a jamais cessé d'âge en âge de faire des miracles, & d'exciter par des choses admirables l'attention des plus grossiers. Car ceux qui ont l'esprit plus élevé, & qui s'appliquent à la Philosophie, n'ont pas besoin de miracles. Heureux ceux qui ont cru sans avoir vu ! Mais parce que Dieu ne prend pas soin seulement de ceux-là, mais encore des plus grossiers, il n'a presque laissé passer aucun tems sans faire des miracles. Ç'en étoit déja un assez grand que la création de tous les êtres que nous voyons : néanmoins pour réveiller la négligence de plusieurs, il a fait voir en particulier & en public sur le théâtre de ce monde quantité de merveilles : telles, par exemple, que le déluge, la confusion des langues, la destruction de Sodôme par le feu, les merveilles opérées en faveur d'Abraham, d'Isaac & de Jacob : celles qui ont été faites en Egypte, & lorsque les Juifs en sortirent ; dans le désert & dans la Palestine ; à Babylone, après le retour de la captivité ; du tems des Machabées ; dans l'avénement de Jésus-Christ, & depuis : enfin toutes celles qui se font même dans le tems où nous sommes. Et vous Seigneur, &c.

LEÇON TROISIEME.

ON peut voir beaucoup de miracles qui ont été faits particuliérement, soit dans les maisons, soit dans les villes. Combien ne s'en est-il pas fait lorsque l'Eglise étoit persécutée sous l'empire de Julien qui a surpassé tous les autres en impiété ? Combien sous Maximin ? Combien avant ces Empereurs ? Mais, si vous voulez, nous parlerons aussi de ceux qui sont arrivés de nos jours, sçavoir, des croix imprimées subitement sur les habits ; le Temple d'Apollon renversé par la foudre ; la translation du S. Martyr Babylas qui étoit à Daphné, & la victoire éclatante qui fut remportée sur le Démon ; la mort inopinée du Trésorier de l'Empire. (*a*) Car comme Julien déchargeoit sa fureur sur les vases sacrés (en les faisant transporter de l'église dans son trésor ;) le trésorier, & l'oncle de Julien qui portoit son nom, furent punis ; l'un étant mort rongé de vers, l'autre étant crevé par le milieu du corps ; & après qu'ils eurent fait leurs sacrifices toutes les fontaines tarirent ; & la famine qui affligea toutes les villes sous cet Empereur, fut elle seule un grand prodige. Car c'est la coutume de Dieu quand les maux sont montés à leur comble, & qu'il voit ses serviteurs opprimés, & ceux qui leur sont opposés être comme enyvrés de leur puissance, de se montrer alors, & de faire paroître par des miracles la puissance de son bras. Et vous Seigneur, &c.

(*a*) Homélie sur le ch. 1. de S. Matth.

LE MARDI.

⟨LEÇON PREMIERE.

Des Actes des Apôtres , ch. 8 depuis le ℣. premier jusqu'au neuvième, & finira par ces mots : Ce qui caufa une grande joie dans la ville.

LEÇON SECONDE.

Des Livres de Morale de S. Grégoire Pape.
Liv. 26. ch. 14.

IL arrive fouvent que lorfque quelques perfonnes qui font opprimées crient vers le Seigneur, quoique par rapport à elles-mêmes elles méritent d'être exaucées, l'effet de leurs défirs eft cependant différé, à caufe de l'orgueil de ceux qui les oppriment. Car Dieu qui eft jufte , permet que les fiens foient opprimés dans le tems, & que la malice de ceux qui les oppriment s'augmente par leur propre méchanceté, afin que cette méchanceté parvienne à fon comble, pendant que la vie des autres fe paffe dans l'épreuve. Il arrive auffi fort fouvent que les juftes qui font dans la tribulation obtiennent même dans le tems la confolation du Ciel qu'ils ne demandent cependant pas pour le tems. Car s'ils défirent d'être délivrés, ce n'eft point pour eux-mêmes, mais pour le falut de leurs adverfaires ; afin que Dieu en les délivrant par miracle des grands dangers auxquels ils font expofés, faffe connoître fa puiffance aux perfécuteurs mêmes, & qu'il rachette les adverfaires pour l'éternité, par la même action par laquelle il fauve les fiens temporellement. Le Prophète parlant au nom des Martyrs, dit : Délivrez-moi à caufe de mes ennemis. C'eft comme s'il difoit : Je ne défire pas à la verité pour moi-

même d'être délivré de la tribulation temporelle ;
je le défire néanmoins à caufe de mes adverfaires ;
afin que lorfqu'on verra ma vie fauvée miraculeufement , mes ennemis à la vue de ces miracles
changent la dureté de leurs cœurs. Et vous Seigneur &c.

LEÇON TROISIEME.

COmme donc le Seigneur délivre fouvent la
vie temporelle de fes ferviteurs , pour la con-
verfion de leurs ennemis ; de même il arrive fouvent qu'il n'exauce point les priéres de fes ferviteurs pour la condamnation des perfécuteurs ,
afin qu'en fe réjouiffant méchamment d'avoir pré-
valu contre eux , ils mettent le comble à leur
crime. Car ceux qui méprifent les chofes invifi-
bles , peuvent quelquefois être touchés des miracles vifibles. Mais s'il arrive le plus fouvent que
Dieu ne fait rien de miraculeux extérieurement
en faveur des juftes , c'eft parce que leurs adverfaires ne méritent pas d'être éclairés intérieurement. C'eft alors qu'il faut dire : Ils crieront , &
Dieu ne les exaucera pas à caufe de l'orgueil des
méchans. Comme s'il difoit : Le péché de ceux
qui oppriment empêche d'entendre ceux qui font
opprimés ; & les juftes ne font point délivrés vi-
fiblement , parce que les injuftes ne méritent pas
d'être fauvés invifiblement. C'eft pourquoi le Prophête dit encore : Lorfqu'il verra les fages mourir , l'infenfé & le fou ne laifferont pas de périr ; parce qu'ils ne peuvent s'imaginer que ceux
qu'ils voient mourir puiffent vivre invifiblement.
Ils mettent ainfi le comble à leur infidélité criminelle ; parce qu'en voyant mourir les fidéles ,
ils n'efpérent point d'éternité. Il eft donc vrai
de tous ceux qui exercent des violences , que plus
ils ont de force extérieurement contre la vie des
innocens , plus ils s'affoibliffent intérieurement ;
& la vérité par un fecret jugement les rejette

loin d'elle, à proportion de ce qu'elle leur laiſſe le pouvoir de faire tout ce qu'ils veulent contre ceux qui lui appartiennent. Et vous Seigneur, &c.

LE MERCREDI.

LEÇON PREMIERE.

Des Actes des Apôtres, ch. 9 depuis le ℣. 32 juſ-
qu'au 42 incluſivement.

LEÇON SECONDE.

Des Livres de Morale de ſaint Grégoire Pape.
Liv. 20. *ch.* 16.

LEs élus en s'appliquant à conſerver le mérite de la foi par la pratique des bonnes œuvres, ſont connus de leur Auteur, & s'approchent de lui, même parmi les tumultes des réprouvés. Cela nous eſt fort bien marqué dans l'Evangile en la perſonne de cette femme qui étoit malade d'une perte de ſang. Le Seigneur ayant dit à ſon ſujet, Qui eſt-ce qui m'a touché ? Pierre répondit en raiſonnant ainſi : Là foule du peuple vous preſſe & vous accable, & vous dites ; Qui eſt-ce qui m'a touché ? Mais il mérita d'apprendre la cauſe & la véritable raiſon de cette queſtion, lorſque le Seigneur dit : Quelqu'un m'a touché ; car j'ai reconnu qu'une vertu eſt ſortie de moi. La foule du peuple preſſoit le Seigneur ; mais celle-là ſeule l'a touché, qui eſt venue à lui avec humilité. Ce qui nous apprend qu'il y a auſſi dans la ſainte Egliſe un grand nombre de réprouvés, qui en connoiſſant la vérité, la preſſent, parce qu'ils négligent de la toucher par une bonne vie ; ils la preſſent & ils en ſont éloignés, parce qu'ils s'éloignent par le déréglement de leurs mœurs de la connoiſſance divine qu'ils paroiſſent recher-

cher ouvertement. Ils la preſſent, dis-je, & en
ſont éloignés, parce qu'ils contredifent par leurs
mauvaiſes actions la même foi qu'ils établiſſent
par leurs paroles. Et vous Seigneur, &c.

LEÇON TROISIEME.

COmme donc nous apprenons de cet exemple
que beaucoup de perſonnes en touchant le
Seigneur, ne le touchent pas véritablement ; de
même il y en a beaucoup qui ſont vus du Seigneur
dans le tems-même qu'on peut dire qu'il ne les
voit pas, parce qu'ils ſont préſens à ſes yeux
dans le ſecret quant au ſupplice de la damnation,
& non pas quant au mérite de l'élection. On peut
fort bien dire alors, Ils ſont comme s'ils n'étoient
point ſur la terre. Car quoiqu'ils ſoient en apparence dans le ſein de l'Egliſe, le Créateur ne les
y voit pas, parce qu'il ne les connoît pas. Ils pro-
feſſent la foi de bouche dans les tems de tranquillité, parce qu'ils voient qu'elle eſt en honneur
par tout ; mais s'il s'éléve tout d'un coup contre
elle une tempête qui expoſe à quelque contrarié-
té, auſſi-tôt ils s'en ſéparent en la renonçant publiquement ; & ils combattent dans la ſuite, même avec dériſion, ce qu'ils avoient cru ci-devant
en apparence avec reſpect. C'eſt pourquoi l'Auteur ſacré ajoûte : Je ſuis devenu le ſujet de leurs
chanſons ; je ſuis l'objet de leurs railleries : Paroles qui expriment fort bien le tems où la
ſainte Egliſe eſt expoſée publiquement aux railleries des réprouvés ; lorſque le nombre des méchans croiſſant, la foi devient un ſujet d'opprobre, & la vérité un crime. Et vous Seigneur, &c.

LE JEUDI.

LE JEUDI.

LEÇON PREMIERE.

Des Actes des Apôtres ch. 14 depuis le ℣. premier jusqu'au neuvième inclusivement.

LEÇON SECONDE.

Sermon de S. Augustin Evêque. Serm. 77 des paroles de l'Evangile.

JEsus marchoit, & dans le chemin une femme qui étoit malade d'une perte de sang, & qui par la longueur de cette maladie avoit dépensé tout son bien à se faire traiter par les Médecins sans aucun succès, se poussa comme elle put parmi la foule du Peuple. Sitôt qu'elle eut touché la frange de son vêtement, elle fut guérie, & le Seigneur dit : Qui est-ce qui m'a touché ? Les Disciples qui ne sçavoient pas ce qui étoit arrivé, & qui le voyoient pressé par la foule, surpris de ce qu'il n'étoit occupé que d'une seule personne qui l'avoit touché légérement, lui répondirent : La foule vous accable, & vous dites qui est-ce qui m'a touché ? Et il repliqua, Quelqu'un m'a touché : car ceux-là me pressent, celle-ci m'a touché. Il est donc vrai que beaucoup de personnes pressent d'une maniére incommode le corps de Jésus-Christ, mais qu'il y en a peu qui le touchent d'une maniére salutaire. Quelqu'un, dit-il, m'a touché, car j'ai reconnu qu'une vertu est sortie de moi. Et vous Seigneur, &c.

LEÇON TROISIEME.

Serm. 244. aux jours de Pâques.

LE toucher signifie la foi. Car pour toucher il faut s'approcher de celui que l'on touche Voyez cette femme ; elle dit en elle-même : Si

D

je touche la frange de fon vêtement, je ferai guérie. Elle approcha, elle la toucha, & elle fut
guérie. Que veut dire, Elle approcha & toucha;
c'eft à-dire, elle approcha & elle crut. Afin que
vous fçachiez que c'eft par la foi qu'elle a touché, le Seigneur dit : Quelqu'un m'a touché. Que
veut dire, Quelqu'un m'a touché ? finon, quelqu'un a cru en moi. Et pour vous apprendre que
Jefus-Chrift ayant dit, quelqu'un m'a touché,
c'eft la même chofe que s'il eût dit, quelqu'un
a cru en moi, les Difciples lui répondirent &
lui dirent : Les troupes vous preffent, & vous dites, Qui eft-ce qui m'a touché ? Si vous marchiez feul, fi la foule vous avoit laiffé un efpa-
ce fuffifant pour marcher, fi vous n'aviez perfonne à vos côtés, vous auriez raifon de dire, Quelqu'un m'a touché ; toute la foule vous preffe, &
vous ne parlez que d'une feule perfonne qui vous
a touché ? Et il répliqua, Quelqu'un m'a touché ;
il avoit dit auparavant, Qui eft-ce qui m'a touché ? Et enfuite, quelqu'un m'a touché. Vous ne
le fçavez pas, puifque vous me répondez, Les troupes vous preffent ; (je vous le dis) quelqu'un m'a
touché. Cette troupe fçait me preffer, mais elle
ne fçait pas me toucher. Il eft certain que c'eft-
là ce qu'il a voulu faire connoître en difant :
Qui eft-ce qui m'a touché ? Quelqu'un m'a touché ; afin que nous croyions que ce toucher eft
la foi de celui qui le touche, ou plutôt l'action
par laquelle celui qui croit en lui s'approche de
lui. Et vous Seigneur, &c.

LE VENDREDI.

Leçon Premiere.

Des Actes des Apôtres, ch. 19 depuis le ℣. 11 jusqu'au 18 inclusivement,

Leçon Seconde.

Sermon de S. Augustin Evêque. *Sermon 62 des paroles de l'Evangile de S. Matth.*

LE Seigneur n'a été présent de corps que par-mi le peuple Juif. Ce n'a pas été parmi les autres peuples qu'il est né d'une Vierge, qu'il a souffert, qu'il a marché, qu'il a été sujet aux foiblesses humaines, qu'il a opéré des merveil-les divines. Il n'a rien fait de cela dans les au-tres nations; & cependant cette parole qui avoit été écrite de lui a été accomplie ; Un peuple que je ne connoissois pas m'a servi. Comment cela s'est-il pu faire, s'il ne l'a pas connu ? Le voici : il m'a obéi sitôt qu'il a entendu parler de moi. Le peuple Juif l'a connu & crucifié; l'univers a entendu parler de lui, & a cru. C'est cette sorte d'absence de corps, & de présence par sa vertu divine au milieu de tous les peuples, qu'il a fi-gurée dans cette femme qui avoit touché la fran-ge de son vêtement, lorsqu'il demande : Qui est-ce qui m'a touché ? il interroge comme absent ; il guérit comme présent. Les Disciples dirent: La foule du peuple vous presse, & vous dites: Qui est-ce qui m'a touché ? Car Jesus Christ avoit dit, qui est-ce qui m'a touché ? comme s'il marchoit de façon à ne pouvoir être touché. Et les Disci-ples lui répondirent : La foule vous accable. Comme si le Seigneur disoit : Je cherche quel-qu'un qui me touche, & non quelqu'un qui me

D ij

preſſe. Il en eſt encore aujourd'hui de même par rapport à ſon corps qui eſt l'Egliſe. Un petit nombre la touche par la foi ; beaucoup la preſſent par leur multitude. Et vous Seigneur , &c.

LEÇON TROISIEME.

CAr vous avez appris que l'Egliſe eſt le corps de Jeſus-Chriſt , vous qui êtes ſes enfans ; ou , ſi vous le voulez , c'eſt vous-mêmes qui êtes ce corps. L'Apôtre le dit en pluſieurs endroits : Pour ſon corps , dit-il , qui eſt l'Egliſe ; & encore : Vous êtes le corps de Jeſus-Chriſt. & ſes membres. Si donc nous ſommes le corps de Jeſus-Chriſt , ce que ſon corps ſouffroit alors dans la foule , l'Egliſe le ſouffre encore à préſent. Elle eſt preſſée par le grand nombre , & touchée de peu de perſonnes : la chair la preſſe , la foi la touche. Regardez en haut , je vous conjure , vous qui avez des yeux pour voir ; car vous avez des objets ſur leſquels vous pouvez les arrêter. Levez en haut les yeux de la foi ; touchez le bord de la frange du vêtement ; elle ſuffira pour vous guérir. Conſidérez que ce que vous avez entendu dans l'Evangile comme devant arriver , eſt préſentement accompli : Pluſieurs viendront d'orient & d'occident , & auront place dans le feſtin du Royaume des cieux avec Abraham , Iſaac & Jacob. Faites attention , mes frères , à ces paroles ; car c'eſt de vous qu'elles ſont dites : vous êtes de ce peuple qui n'étoit alors que prédit , & qui eſt aujourd'hui entré dans l'Egliſe ; oui, vous êtes de ceux qui ſont venus de l'orient & de l'occident pour prendre place au feſtin qui ſe fait non dans les temples des idoles , mais dans le Royaume des cieux ; ſoyez donc le corps de J. C. & non pas ce qui preſſe & accable le corps de Jeſus-Chriſt. Et vous Seigneur , &c.

LE SAMEDI.

LEÇON PREMIERE.

*Des Actes des Apôtres, ch. 28 depuis le v. 1
jusqu'au neuvième inclusivement.*

LEÇON SECONDE.

Du Sermon de S. Augustin Evêque. *Le même d'hier.*

VOus avez la frange du vêtement que vous
pouvez toucher pour être guéri du flux de
sang, c'est-à-dire, du flux des voluptés charnel-
les ; vous avez, dis-je, la frange du vêtement
que vous pouvez toucher. Ce vêtement, ce sont
les Apôtres qui tiennent à Jesus-Christ, ne faisant tous qu'une seule & même tissure par le lien
de l'unité. Parmi ces Apôtres celui qui est comme
la frange, c'est-à-dire, le plus petit & le dernier
de tous, est saint Paul qui dit de lui-même, Je
suis le dernier des Apôtres. Ce qui est le dernier
& le plus bas dans l'habit, c'est la frange. On
la regarde avec mépris ; cependant elle est salutaire à celui qui la touche. Jusqu'à cette heure
nous avons souffert la faim & la soif, la nudité
& les mauvais traitemens ; qu'y a-t-il de si bas
& de si méprisable ? Touchez si vous êtes malade
de la perte de sang ; il sortira de celui dont il
est l'habit une vertu qui vous guérira. Et vous
Seigneur, &c.

LEÇON TROISIEME.

NE disions-nous pas que le corps de J. C.
étoit pressé, & non pas touché ? Il cherchoit
des personnes qui le touchassent, mais en même-tems il supportoit ceux qui le pressoient, Ce
sont les Païens qui ont coutume de presser le corps

D iij

de Jesus-Christ ; & plût à Dieu, mes freres, qu'il
n'y eût qu'eux, & que les Chrétiens eux-mêmes
ne preſſaſſent point le corps de Jeſus-Chriſt !
Mes freres, il nous convient de vous le dire, parce qu'il nous convient de parler à des Chrétiens.
Si celui qui eſt chargé de votre conduite eſt bon,
il eſt à votre égard un nourricier ; s'il eſt
méchant, il eſt un tentateur. De quelque maniere que ce ſoit, ou recevez de bon cœur la
nourriture, ou ſupportez la tentation par laquelle vous devez être éprouvés. Soyez de l'or ;
conſidérez le monde comme le creuſet d'un or-
fèvre. Dans un même lieu très étroit il y a trois
choſes, l'or, la paille, le feu ; on approche le
feu des deux autres, il brûle la paille, & purifie l'or. Demeurez fermes dans le Seigneur, mes
frères ; ne craignez point les menaces des impies ;
ſupportez vos ennemis ; vous avez en eux de quoi
exercer votre charité en priant pour eux ; qu'ils
ne vous épouvantent en aucune maniére ; c'eſt en
cela que conſiſte la ſanté. Avons-nous intention
en vous diſant cela de vous porter à l'orgueil ?
ou bien vous diſons nous de mépriſer les Puiſſances établies de Dieu en vous révoltant contre elles ? Non ſans doute, nous ne vous diſons pas
cela. Qui que vous ſoyez qui êtes malade par cet
endroit, touchez auſſi par cet endroit cette frange
du vêtement. L'Apôtre dit : Que tout le monde
ſoit ſoumis aux Puiſſances ſupérieures ; car il
n'y a point de Puiſſance qui ne vienne de Dieu,
& c'eſt lui qui a établi toutes celles qui ſont ſur
la terre. Celui donc qui s'oppoſe aux Puiſſances
réſiſte à l'ordre de Dieu. Mais que ferez-vous ſi
elles vous commandent ce que vous ne devez pas
faire ? Alors il vous faudra ſans héſiter ne point
obéir à la Puiſſance inférieure par la crainte de déſo-
béir à la Puiſſance ſupérieure. Et vous Seigneur, &c.

VÊPRES *ſolemnelles de la Fête ſuivante.*

LE III. DIMANCHE

APRÈS LA PENTECOSTE:

L'Octave de la Fête du Miracle ; avec la Mémoire folemnelle des autres Miracles , & des bienheureux Jean Soanen, Gerard Rouffe,& François de Pâris.

SOLEMNEL-MINEUR.

AUX PREMIERES VESPRES.

Les Pfeaumes du Samedi.

Ant. PLufieurs qui étoient venus , & qui avoient vu ce que Jefus avoit fait , crurent ; mais quelques-uns s'en allerent trouver les Pharifiens , & leur rapporterent ce miracle. *S. Jean.* 11.

Ant. Ils en furent remplis de fureur , & ils s'entretenoient enfemble de ce qu'ils pourroient faire. *S. Luc.* 6.

Ant. Ils n'avoient rien à oppofer. En effet tous rendoient un témoignage éclatant de ce qui venoit d'arriver. *Actes.* 4.

Ant. D'autres voulant tenter Dieu , demandoient un prodige : mais Jefus connut leurs penfées. *S. Luc.* 11.

Ant. J'ai fait un miracle , pourquoi vous mettez-vous en colére contre moi ? Ne jugez pas felon l'apparence ; mais jugez felon la juftice. *S. Jean.* 7.

D iv

CAPITULE. 1. *Corinth.* 3.

LA sagesse de ce monde est une folie devant Dieu, selon qu'il est écrit : *Je surprendrai les sages par leurs propres artifices*; & ailleurs : *Le Seigneur pénétre les pensées des sages, & il en connoît la vanité.* ℞. Rendons graces à Dieu.

℞. Nous vous bénirons, ô mon Dieu; nous publierons vos merveilles. Je dis aux injustes : Ne vous glorifiez plus de votre pouvoir. * Cessez de vous élever contre le Ciel; † Cessez d'attaquer Dieu même par l'impiété de vos discours. ℣. Ils délibérerent entr'eux, en disant : Que ferons-nous ? car il s'est fait un miracle qui est connu de tout le monde; il est évident, & nous ne sçaurions le nier. * Cessez de vous, &c. Gloire au Pere, &c. † Cessez d'attaquer, &c. *Ps.* 74. *Actes.* 4.

H Y M N E.

O Que la vérité est terrible aux ennemis qu'elle terrasse par l'éclat foudroyant de sa lumiére ! O qu'il faut être perverti pour mépriser cette lumiére, & regimber contre cet aiguillon !

Par un effet de cette providence qui est attentive à tout, Jesus-Christ avoit prononcé un jugement décisif contre le schisme, en opérant un miracle éclatant; déja les Saints en avoient témoigné leur joie, & rempli le Ciel de leurs applaudissemens.

L'Epouse de Jesus-Christ assemble ses enfans pour rendre à Dieu dans les sentimens d'une vive reconnoissance les actions de graces qu'ils lui doivent. Ils accourent de toutes parts vers la porte sainte où le miracle s'est opéré; & l'église retentit de chants d'allégresse.

O corruption de cœur vraiment incroyable, & bien digne de larmes ! Il est des hommes qui tranſportés de colère & d'indignation ne veulent prendre aucune part aux pieux cantiques qu'inſpire cette ſainte joie ; bien plus , ils ont la hardieſſe de ſe rendre les juges de la conduite , & même des penſées de Dieu.

Pouſſés par un orgueil inſenſé , ces gens ingrats , non ſeulement rejettent avec mépris le don de Dieu ; mais ils menacent encore de déclarer la guerre à ſa toute-puiſſance ; & ils oſent la défier par des paroles pleines d'impiété.

Que Jeſus-Chriſt , diſent-ils , guériſſe ſous nos yeux des paralitiques ; que les aveugles voient, que les boiteux marchent ; qu'il faſſe toutes ces merveilles en votre faveur , & nous avouerons qu'il a fait pour vous cette œuvre de ſi peu de conſéquence.

C'eſt ainſi qu'autrefois une populace opiniâtre & incrédule diſoit au Seigneur attaché à la croix , Qu'il ſe détache & qu'il deſcende , & nous ne douterons plus qu'il ne ſoit le Fils de Dieu.

Mais à quoi peut aboutir une fureur impuiſſante ? Dieu fera les miracles qu'ils demandent pour le tenter ; & leur malice ſe trouvant priſe par ſes propres ruſes, ils grinceront les dents de ne pouvoir ſe dégager du filet qu'ils ſe ſont eux-mêmes tendu.

O Dieu qui rejettez loin de vous les eſprits orgueilleux, faites, s'il vous plaît, que nous évitions avec ſoin les trompeuſes fineſſes de la ſageſſe du ſiécle ; accordez-nous la grace de chanter vos merveilles avec un cœur humble & reconnoiſſant.

Gloire infinie au Pere ; gloire infinie au Fils , qui par l'éclat avec lequel il fend la nuée qui le couvre , aveugle les impies & conſole les juſtes ; qu'une gloire pareille vous ſoit auſſi rendue , ô Eſprit ſaint. Amen.

℣. Celui qui eſt aſſis dans les cieux ſe rira d'eux : ℟. Le Seigneur ſe moquera d'eux. *Pſ.* 2.

A Magnificat.

Ant. Tout ce que dit ce Peuple n'eft qu'une confpiration contre moi. Ils tomberont, & fe brileront ; ils s'engageront dans le filet & y feront pris. *Ifaïe.* 8.

ORAISON.

Dieu caché dont le miracle éclatant a été comme un piége & une pierre d'achoppement, contre laquelle plufieurs ayant heurté, fe font brifés & pris eux-mêmes dans le filet ; faites-nous la grace d'adorer maintenant dans l'ordre de vos merveilles les confeils fecrets & les juftes jugemens de votre fageffe, de telle forte que nous méritions de les contempler un jour à découvert dans le Ciel ; Vous qui étant Dieu, &c.

Pour la mémoire du Samedi.

Ant. L'obéiffance vaut beaucoup mieux que les victimes des infenfés qui ne connoiffent pas le mal qu'ils font. *Eccléfiaftique.* 4.

℣. Le Seigneur aime tendrement fon Peuple :
℟. Et il accorde la gloire & le falut à ceux qui font doux. *Pf.* 149.

L'Oraifon à Laudes.

A COMPLIES.

Les Pfeaumes du Samedi.

Ant. C'eft le Seigneur qui abaiffe & qui éléve. Il gardera les piés de fes Saints ; & les impies feront réduits au filence dans leurs ténébres. 1. *Liv. des Rois.* 2.

A Nunc dimittis.

Ant. Au milieu du jour ils trouveront les ténébres, & ils marcheront à tâtons en plein midi, comme s'ils étoient dans une profonde nuit ; & l'iniquité demeurera muette. *Job.* 5.

A L'OFFICE DE LA NUIT.

INVITATOIRE.

Le Seigneur fait éclater la beauté des merveilles de fa fagesse : * Venez, adorons-le. *Eccli.* 42.

HYMNE.

ALlez, Chrétiens fidéles ; courez avec em-
preffement au faint tombeau : c'eft-là que
brille toute la gloire du Ciel ; c'eft-là que vous
éprouverez fenfiblement la prefence de votre
Dieu.

Des troupes de peuple y conduifent en foule
une multitude de malades ; fitôt qu'ils ont touché ce tombeau, qui eft devenu une fource de
bénédictions, les forces leur font rendues, & ils
recouvrent infailliblement une fanté parfaite.

On eft faifi d'une fainte frayeur en entrant dans
ce fanctuaire. Les juftes y font retentir les louanges de Dieu par de faints cantiques ; le pécheur
y répand dans l'amertume de fon cœur des torrens
de larmes ; le libertin touché en fort frappant fa
poitrine.

O chaire vraiment digne de Dieu qui y fait
lui-même la fonction de maître ! Sans livre, fans
difcours, fon bras tout-puiffant avec un peu de
pouffiére enfeigne clairement quelle eft la véritable & faine doctrine.

Une femme entre par dérifion dans ce lieu refpectable, faifant femblant d'être paralytique, &
affectant un extérieur digne de compaffion ; mais
fe fentant tout d'un coup entreprife de fes membres, elle confeffe publiquement avec douleur
la fecrette fourberie qui l'y avoit amenée.

A la vue de cet événement on fe fent pénétré
d'un nouveau refpect pour ce faint lieu. Les Difciples (de la vérité pleins de reconnoiffance pour
la protection de Dieu) fe répandent en actions

de graces ; les peuples font frappés d'une crainte mêlée de joie;mais la fureur & l'infolence des méchans n'en deviennent que plus violentes.

Ils furprennent les Puiffances, & en arrachent des ordres ; les gardes armés partent, faififfent, & jettent dans les prifons des gens qui n'ont d'autre crime que d'avoir été favorifés de Dieu.

Ce n'eft pas affez ; cette troupe barbare s'empare des portes de la maifon du Seigneur, éloigne avec grand foin les malades de cet augufte fanctuaire ; & prétendant arrêter la main toute-puiffante de Dieu, elle ferme l'entrée du tombeau qui étoit un principe de vie & de fanté.

Mais par un effet de votre puiffance, Grand Dieu, les habits de celui qui y repofe guériffent les corps fur lefquels ils font appliqués en quelqu'endroit de la terre que l'on aille ; vous y joignez une grace maîtreffe des cœurs qui guérit en même-tems les volontés ; c'eft ainfi que vous vous jouez des folles entreprifes des hommes.

Gloire infinie au Pere ; gloire infinie au Fils ; qu'une gloire pareille vous foit auffi rendue, ô Efprit faint, qui pendant que des prodiges éclatans frappent nos yeux, embrâfez les cœurs d'un feu tout divin. Amen.

Au I. Nocturne.

Pf. 28 Samedi à Tierce.
Ant. Il fe faifoit beaucoup de prodiges & de miracles parmi le peuple, & le nombre de ceux qui croyoient au Seigneur, tant hommes que femmes, fe multiplioit de plus en plus. *Actes.* 5.

Pf. 45 Samedi à Sexte.
Ant. De grandes troupes de peuples venoient ayant avec eux des muets, des aveugles, des boiteux, des eftropiés, & beaucoup d'autres malades. *S. Matthieu.* 15.

Pf. 76 avec fa divifion, Lundi à Prime.
Ant. Le peuple étoit dans l'admiration,

voyant que les muets parloient, (que les eftropiés étoient guéris) que les boiteux marchoient,
que les aveugles voyoient ; & ils rendoient gloire au Dieu d'Ifraël. *S. Matth.* 15.

℣. Publiez fa gloire parmi les nations, ℟. Et
fes merveilles au milieu de tous les peuples.
Pf. 96.

LEÇON PREMIERE.

Des Actes des Apôtres. *ch.* 3.

UN jour Pierre & Jean montoient au Temple pour être à la priére qui fe faifoit à la
neuviéme heure ; & il y avoit un homme boiteux dès le ventre de fa mere , que l'on mettoit
tous les jours à la porte du Temple qu'on appelle
la belle-porte, afin qu'il demandât l'aumône à
ceux qui y entroient. Cet homme voyant Pierre
& Jean qui alloient entrer dans le Temple, les
prioit de lui donner quelque aumône. Pierre
qui étoit accompagné de Jean ; arrêtant fa vue
fur ce pauvre lui dit : Regardez-nous. Il les regardoit donc attentivement , efpérant qu'il alloit
recevoir quelque chofe d'eux. Alors Pierre lui dit :
Je n'ai ni or ni argent ; mais tout ce que j'ai je
vous le donne : levez-vous au nom de Jefus-
Chrift de Nazareth , & marchez. Et l'ayant pris
par la main droite , il le leva ; & auffitôt les
plantes & les os de fes piés devinrent fermes. Il
fe leva tout d'un coup en fautant : & entrant
avec eux dans le Temple, il marchoit, il fautoit
& louoit Dieu. Tout le peuple le vit comme il
marchoit & qu'il louoit Dieu. Et reconnoiffant
que c'étoit celui-là-même qui avoit accoutumé
d'être à la belle-porte du Temple pour demander
l'aumône, ils furent remplis d'admiration & d'é-
tonnement de ce qui lui étoit arrivé. Et comme
ce boiteux qui avoit été guéri , tenoit par la main
Pierre & Jean ; tout le peuple étonné de cette

merveille, courut à eux à la galerie qu'on nom-
me de Salomon. Et vous Seigneur, &c.

℟. Toutes vos créatures prenoient comme
au commencement, chacune en son genre, une
nouvelle forme pour obéir à votre commande-
ment. * Vos serviteurs en voyant vos merveilles
& vos prodiges, bondirent comme des agneaux
en vous glorifiant, Seigneur. ℣. Ils glorifioient
Dieu en disant : Dieu a visité son peuple. * Vos
serviteurs, &c. *Sagesse 19. S. Luc. 7.*

LEÇON SECONDE. *ch. 4.*

LE lendemain les Magistrats, les Anciens &
les Scribes s'assemblérent à Jérusalem ; avec
Anne le Grand-Prêtre, Caïphe, Jean, Alexan-
dre, & tous ceux qui étoient de la race sacer-
dotale ; & les ayant fait comparoître dans l'assemblée, ils les interrogérent.... Lorsqu'ils virent la fermeté de Pierre & de Jean, connoissant
d'ailleurs qu'ils étoient des hommes sans lettres &
sans étude, ils en furent fort surpris ; ils sçavoient qu'ils avoient été avec Jesus. De plus
voyant avec eux cet homme qui avoit été guéri,
ils n'avoient rien à leur opposer. Ils leur ordon-
nérent donc de sortir de l'assemblée, & délibéré-
rent entre eux, en disant : Que ferons-nous à ces
gens-ci ? Car ils ont fait un miracle qui est connu de tous les habitans de Jérusalem ; il est évident, & nous ne pouvons le nier. Mais afin que
le bruit ne s'en répande pas davantage parmi le
peuple, défendons-leur avec menaces de parler dé-
sormais au nom de Jesus à qui que ce soit. Et
les ayant fait appeller, ils leur défendirent de parler en quelque maniére que ce fut, ni d'ensei-
gner au nom de Jesus. Mais Pierre & Jean leur
répondirent : Jugez vous-mêmes s'il est juste devant Dieu de vous obéir plutôt qu'à Dieu ? Car
pour nous nous ne pouvons pas ne point parler
de ce que nous avons vu, & de ce que nous avons

entendu. Ils les renvoyérent donc avec menaces, ne fçachant comment s'y prendre pour les punir à caufe du peuple. En effet tous rendoient un témoignage éclatant de ce qui venoit d'arriver ; car l'homme qui avoit été guéri d'une maniére fi miraculeufe , avoit plus de quarante ans. Et vous Seigneur , &c.

℟. Voici ce que dit le Fils de Dieu, qui a des yeux étincelans comme une flamme de feu : Vous fouffrez qu'une femme féduife mes ferviteurs ; je lui ai donné du tems pour faire pénitence , & elle n'a pas voulu fe repentir. Mais je m'en vais la réduire au lit en la frappant de maladie : * Et toutes les Eglifes connoîtront que je fuis celui qui fonde les cœurs & les reins. ℣. Elle tomba tout d'un coup, & elle fut emportée dans une chaife , fans que perfonne la pût fecourir ; parce que la vertu de Dieu eft véritablement en ce lieu , & il frappe de plaies ceux qui y viennent pour faire du mal. * Et toutes les Eglifes , &c. *Apocal.* 2. *fecond Liv. des Machab.* 3.

Leçon Troisieme.

APrès donc qu'on les eut mis en liberté , ils allérent trouver les frères , & leur racontérent tout ce que les Princes des Prêtres & les Sénateurs avoient dit. Les frères les ayant entendu , élevérent tous enfemble leurs voix , & dirent à Dieu : Seigneur, c'eft vous qui avez fait le ciel , la terre , la mer & toutes les chofes qui y font ; c'eft vous qui avez dit par le Saint-Efprit , parlant par la bouche de notre pere David votre ferviteur : Pourquoi les nations fe font-elles agitées ? Pourquoi les peuples ont-ils formé de vains projets ? Les Rois de la terre fe font élevés , & les Princes fe font unis enfemble contre le Seigneur & contre fon Chrift. En effet , Hérode & Ponce-Pilate avec les Gentils & le peuple d'Ifraël

se sont véritablement unis ensemble dans cette
ville contre votre saint Fils Jesus , que vous
avez consacré par votre onction , pour faire tout
ce que votre puissance & votre conseil avoient
ordonné devoir être fait. Maintenant donc , Seigneur, considérez leurs menaces , & faites que
vos serviteurs annoncent votre parole avec une
entiére liberté , en étendant votre main pour opérer des guérisons , des prodiges & des merveilles au nom de votre saint Fils Jesus. Et vous
Seigneur , &c.

℞. Cet événement ayant été sçu de tout le
monde , * Ils en furent tous saisis de crainte ,
& l'on glorifioit le nom du Seigneur Jesus. †
Plusieurs même de ceux qui avoient cru , alloient
confesser & déclarer ce qu'ils avoient fait. ℣. Vous
craindrez le Seigneur votre Dieu , qui a fait en
votre faveur ces merveilles si grandes & si terribles , & dont vos yeux ont été témoins. * Ils en
furent , &c. Gloire au Pere , &c. † Plusieurs , &c.
Actes. 19. *Deuteronome.* 10.

Au II. Nocturne.

Ps. 78 Mardi à Complies.

Ant. Au même-tems il s'éleva une grande persécution dans l'Eglise ; or le peuple étoit attentif à tout ce qui se disoit, écoutant avec une même ardeur , & voyant les miracles. *Actes.* 8.
Ps. 82 avec sa division, *Samedi à l'Office de la nuit.*

Ant. Or beaucoup de paralitiques & de boiteux
furent guéris ; ce qui causa une grande joie dans
la ville. *Actes.* 8.
Ps. 93 avec sa division , *Mercredi à None.*

Ant. Les Prêtres & le Capitaine des gardes sur-
vinrent , & s'étant saisis d'eux , ils les mirent en
prison. *Actes.* 5.

℣. Pourquoi les nations se sont-elles assemblées
en tumulte ? ℞. Pourquoi les peuples forment-ils
de vains projets ? *Ps.* 2.

LEÇON

LEÇON QUATRIEME.

LE miracle opéré par Jesus-Chrisst même en l'année 1725 fur Anne Charlier de la paroisse de Sainte Marguerite à Paris ayant été publié, plusieurs l'attaquérent aussitôt par leurs écrits. Les uns nioient que ce fût un miracle ; les autres en le reconnoiffant disputoient fur les conséquences qu'on en devoit tirer ; d'autres enfin pour tenter Dieu, demandoient qu'il se fît d'autres miracles par les Appellans, comme si le Tout-puissant ou ne pouvoit, ou ne devoit pas en faire de tels : mais ils ont tous été pris par leurs propres artifices. Car dès l'an 1727 Dieu opéra plusieurs guérisons miraculeuses à Avenai au tombeau & par l'interceffion du bienheureux Gerard Rousse, Prêtre du Diocèse de Reims, qui s'étant acquitté dignement d'abord des fonctions de Vicaire, & ensuite de celles de Chanoine, & ayant été par tout la bonne odeur de Jesus-Chrisst, est mort très-saintement. Après lui a été glorifié le bienheureux François de Pâris, Diacre de l'Eglife & de la ville de Paris, qui mourut cette même année, & fut enterré dans le petit cimetière de saint Médard. Ce saint Diacre ayant pleuré amérement les maux de l'Eglife, & les ayant expié par les jeûnes les plus rigoureux & les travaux de la plus austère pénitence, s'est acquis une grande réputation de sainteté qui a été prouvée par un nombre presque infini de miracles que Dieu n'a cessé d'opérer par son interceffion, malgré la rage & la fureur de ses ennemis, depuis même qu'ils ont eu assez de crédit pour faire mettre en prison plusieurs de ceux qui avoient été guéris à son tombeau, & faire fermer la porte du cimetière où il repose. Enfin cette même année 1727 il se tint à Ambrun une assemblée confuse & tumultuaire de quelques Evêques, dans laquelle ils condamnérent le saint Evêque

E

de Sénez, Jean Soanen, & sa doctrine. Ces trois
bienheureux ont toujours conservé fidélement le
dépôt de la foi ; & c'est pour cela qu'ils ont
persévéré jusqu'à la mort dans l'appel interjetté
au futur Concile Général, de la Bulle *Unigenitus* du Pape Clément XI. Ils virent & reconnurent avec joie la consolation & le secours que
Dieu accordoit à son Eglise, dans le miracle sus-
dit opéré sur Anne Charlier ; & le saint Diacre
assista avec autant de piété que de zèle à la procession indiquée en l'Eglise Métropolitaine pour
en rendre graces à Dieu. Ayant été dans la suite
aussi bien que le saint Prêtre glorifié par des miracles, le saint Evêque rendit un témoignage
éclatant à la vérité de ces merveilles ; & mourut
enfin plein de jours & de gloire l'an 1740, &
a été inhumé dans le Monastère de la Chaise-
Dieu, où il avoit été relégué. Dieu a aussi ré-
compensé par des miracles la fermeté de sa foi,
& sa constance dans les liens. Et vous Seigneur, &c.

℟. Assemblez-vous, & vous serez vaincus ;
réunissez vos forces, & vous serez vaincus ; prenez vos armes, & vous serez vaincus : * Formez
des desseins, & ils seront dissipés ; donnez des
ordres, & ils ne s'exécuteront point ; parce que
Dieu est avec nous. ℣. Ne vous mêlez plus de
ce qui regarde ces gens-là ; & laissez-les ; car si
ce dessein ou cette œuvre vient des hommes, elle
se détruira ; mais si elle vient de Dieu, vous ne
sçauriez la détruire. * Formez des desseins, &c.
Isaïe. 8. *Act.* 5.

Leçon Cinquieme.

Sermon de saint Ambroise Evêque. *De la Translation des SS. Gervais & Protais.*

VOus avez sçu ; que dis-je, vous avez vu
vous-mêmes beaucoup de personnes délivrées
des Démons. Plusieurs après avoir touché de leurs

mains les habits des Saints ont été guéris des infirmités dont ils étoient affligés, la plupart l'ayant
été fous vos yeux par l'ombre en quelque façon
des corps faints. Vous avez vu opérer de nouveau les miracles de l'ancien tems, auquel par la
venue de Jesus-Chrift la grace s'eft répandue
avec plus d'abondance fur la terre... Quand je
vois avec quelle affluence vous vous trouvez ici,
& le zéle qui vous y fait paffer les jours & les
nuits, il me femble que nous fommes en ces jours
dont le Prophète nous parle dans les divins oracles, lorfqu'il dit : Le jour porte l'ordre au jour
qui le fuit, & la nuit le déclare à la nuit. Car
qu'eft-ce que vous avez fait autre chofe pendant
ces deux jours, que pouffer au-dehors les grands
fentimens que vos cœurs ne pouvoient plus contenir, & prouver par-là que vous avez la fcience de
la foi ? C'eft cependant à ce concours folemnel
de votre part qu'en veulent ceux qui ont coutume
de tout contredire ; & parce que l'efprit d'envie &
de jaloufie dont ils font animés fait qu'ils ne peuvent fouffrir votre nombreufe affemblée, ils ont
conçu auffi une haine implacable contre ce qui en
eft l'objet ; & ils en font venus à cet excès de folie, de nier la vertu des SS. Martyrs dont les démons eux-mêmes confeffent les œuvres. Et cela
n'eft pas furprenant, puifque la perfidie des incrédules eft fi grande, que l'aveu du Démon eft
pour l'ordinaire beaucoup plus tolérable. Car le
Diable difoit autrefois : Jefus fils du Dieu vivant,
pourquoi êtes-vous venu nous tourmenter avant le
tems ? cependant les Juifs qui entendoient cela,
difoient que Jefus-Chrift n'étoit point le Fils de
Dieu. Vous avez de même entendu les Démons
crier & avouer aux faints Martyrs qu'ils ne pouvoient fupporter leurs tourmens, en difant : Pourquoi êtes-vous venus pour nous faire tant fouffrir ? & les Ariens difent : Ce ne font pas-là des
Martyrs ; ils ne peuvent ni tourmenter les Dé-

mons, ni guérir perfonne ; pendant que les Démons prouvent par leurs cris les tourmens qu'ils
endurent, & que les SS. Martyrs font connoître
leurs bienfaits par les guérifons qu'ils accordent,
& les marques qu'en donnent ceux qui font guéris. Et vous Seigneur, &c.

℟. Ils s'affemblérent chez le gouverneur, &
lui dirent : Commandez qu'on garde le fépulchre.
Il leur répondit : Vous avez des gardes ; allez,
faites le garder comme vous l'entendrez : * Ils
allérent donc s'affurer du fépulchre ; ils en fcellé-
rent la pierre, & y mirent des gardes. ℣. Ils ont
eu ces penfées, & ils fe font égarés ; parce que
leur propre malice les a aveuglés ; ils ont ignoré
les fecrets de Dieu. * Ils allérent donc, &c.
S. *Matth.* 27. *Sageffe.* 2.

Leçon Sixieme.

ILs difent que cet aveugle n'a pas recouvré la
vue ; mais lui il foutient qu'il eft guéri. Il
dit : Je vois maintenant, moi qui ne voyois pas ;
il dit : J'ai ceffé d'être aveugle, & il le prouve
par le fait. Ils ne peuvent nier le fait, & ils nient
que ce foit un miracle. N'y a-t-il pas en cela quelque chofe de femblable à ce que nous lifons dans
l'Evangile ? que les Juifs voyant l'aveugle-né
guéri, voulurent avoir le témoignage de fes parens. Ils leur demandoient : Comment votre fils
voit-il ? C'eft que cet aveugle difoit : J'étois aveugle, & je vois maintenant. Celui-ci dit la même
chofe : J'ai été aveugle, je vois à préfent. Si vous
ne me croyez pas, interrogez-en d'autres ; fi vous
craignez que mes parens ne foient de complot
avec moi, interrogez des étrangers. L'opiniâtreté
de ceux-ci eft plus déteftable que celle des Juifs ;
car du moins les Juifs dans leur doute interro-
goient les parens ; mais ceux-ci s'enquêtent en
cachette, & nient en public ; faifant voir par-là
que leur incrédulité n'attaque pas tant le miracle

en lui-même, que celui qui en est l'auteur. Mais je demande : Qu'est-ce donc qu'ils ne croient pas ? Prétendent-ils que personne ne peut être secouru par les SS. Martyrs ? C'est-là précisément ne pas croire à la parole de Jesus-Christ. Car il a dit lui-même à ses Apôtres : Vous ferez de plus grands miracles que ceux-ci. Diront-ils que ce que peuvent les SS. Martyrs en général, ceux en particulier dont il s'agit, ne le peuvent ? Je leur demanderai encore si c'est par rapport à ces Saints, ou par rapport à moi, que leur envie les fait parler ainsi ; car il n'y a point de milieu : s'ils ne peuvent souffrir les miracles, c'est ou par rapport aux SS. Martyrs, ou par rapport à moi. Si c'est par rapport à moi, m'a-t-on vu faire des miracles ? Ceux qui ont été faits, l'ont-ils été en mon nom ? Sont-ils mon ouvrage ? Pourquoi me portent-ils envie sur une chose qui ne m'appartient pas ? Si c'est par rapport aux SS. Martyrs ; ils font voir dès lors qu'ils ne croient pas ce que ces saints ont cru. Car ils n'ont point d'autre raison de s'opposer à leurs miracles avec tant de jalousie, que parce qu'ils sentent qu'ils n'ont point en eux la foi qui étoit dans ces saints. Et vous Seigneur, &c.

℟. Le Seigneur des armées a fait ce serment : Je jure que ce que j'ai pensé arrivera, & que ce que j'ai arrêté dans mon esprit s'exécutera : * Car c'est le Seigneur des armées qui l'a ordonné, qui pourra s'y opposer ? † Il a étendu son bras, qui pourra le détourner ? ℣. Dieu faisoit des miracles extraordinaires, jusques-là-même que des mouchoirs & des linges étant appliqués aux malades, les maladies les quittoient. * Car c'est, &c. Gloire au Pere, &c. † Il a étendu, &c. *Isaïe.* 14. *Actes.* 19.

Au III. Nocturne.

Pſ. 96 Mardi à Laudes.

Ant. En ce tems-là un Prêtre dit en hauſ-ſant la voix : Quand tous obéiroient au Roi , & que tous abandonneroient la loi de leurs pe-res pour ſe ſoumettre à ſes ordonnances , nous obéirons toujours néanmoins mes frères & moi à la loi de nos peres. 1. *Liv. des Machabées* 2.

Pſ. 98 Lundi à Sexte.

Ant. Un Lévite qui étoit rempli de l'eſprit du Seigneur , dit : Ne craignez rien , & n'appréhen-dez point cette multitude ; ce ne ſera pas vous qui combattrez , mais Dieu ; demeurez ſeulement fermes , vous verrez le ſecours de Dieu. 2. *Liv. des Paralipomènes.* 20.

Pſ. 108 *avec ſes diviſions , Mardi à None.*

Ant. Un des premiers qui étoit un vieillard d'un viſage vénérable , conſidérant ce qu'il lui faudroit ſouffrir en cette rencontre , commença à conſidérer ce que demandoient de lui un âge & une vieilleſſe ſi vénérable : Car il n'eſt pas digne de l'âge où nous ſommes , dit-il , d'uſer de fiction. 2. *Machabées.* 6.

℣. Il leur donna le pouvoir de faire des mi-racles , ℟. Et des prodiges ſur la terre. *Pſ.* 104.

Leçon Septieme.

Lecture du S. Evangile ſelon S. Jean. *ch.* 14.

EN ce tems-là ; Jeſus dit à ſes Diſciples : Ce que je vous dis , je ne vous le dis pas de moi-même ; mais c'eſt mon Pere qui demeure en moi , qui fait lui-même les œuvres que je fais. Et le reſte.

Homélie de S. Augustin Evêque.
Traité 71. ſur S. Jean.

REndez vos oreilles attentives , mes très-chers-frères , & recevez dans vos cœurs la parole que nous vous annonçons. C'eſt nous à la vé-

rité qui vous parlons ; mais c'eſt celui qui eſt
toujours avec nous qui vous enſeigne ; c'eſt le Seigneur qui vous dit ce que vous avez entendu dans
la lecture qu'on vient de faire. Ce que je vous
dis, je ne vous le dis pas de moi-même ; mais
mon Pere qui demeure en moi, fait lui-même
les œuvres que je fais.... Mais que veut dire ce
qui ſuit ? En vérité, en vérité je vous le dis,
celui qui croit en moi, fera lui-même les œuvres que je fais, & en fera encore de plus grandes. Que le ſerviteur ne s'élève pas au-deſſus de
ſon Seigneur, ni le diſciple au-deſſus de ſon maître. Il dit qu'ils feront de plus grands miracles que
lui ; mais c'eſt parce qu'il les fera lui-même
en eux, & par eux, & non pas qu'ils les faſſent par eux-mêmes. Car c'eſt à lui que nous
adreſſons ce cantique, Je vous aimerai, Seigneur,
vous qui êtes ma force. Mais quels ſont donc
ces miracles plus grands ? C'eſt peut-être que
quand ils paſſoient, leur ombre même guériſ-
ſoit les malades ; car que l'ombre d'une perſonne rende la ſanté, c'eſt un plus grand miracle
que ſi c'étoit la frange de ſon habit. Il a fait
celui-ci par lui-même, & celui-là par ſes ſervi-
teurs ; c'eſt néanmoins lui qui a fait l'un & l'autre. Et vous Seigneur, &c.

℟. C'eſt par la foi qu'il a offert à Dieu une
hoſtie, & qu'il fut déclaré juſte, * Dieu lui-
même rendant témoignage qu'il a accepté ſes
dons ; & c'eſt à cauſe de ſa foi qu'il parle encore après ſa mort. ℣. Le Prêtre s'eſt acquis de
la gloire par la maniére dont il a vecu avec le
peuple. * Dieu lui-même, &c. *Epit. aux Hébreux.* 11. *Eccléſiaſtique* 50.

LEÇON HUITIEME.

APrés avoir dit : Celui qui croit en moi,
fera lui-même les œuvres que je fais, & en
fera encore de plus grandes, il ajoute tout de

fuite : Parce que je m'en vais à mon Pere ; & quoi que vous demandiez en mon nom, je le ferai. Il avoit dit plus haut, il fera ; & plus bas il dit ; je ferai. C'eft comme s'il difoit : Que cela ne vous paroiffe pas impoffible ; car celui qui croit en moi, ne pourra pas être pour cela plus grands que moi. Mais ce fera moi qui ferai alors de plus grands miracles qu'à préfent ; plus grand par celui qui croit en moi, que par moi-même fans lui ; c'eft cependant moi qui agis fans lui, comme par lui : mais lorfque je ferai des miracles fans lui, il ne les fera pas ; & lorfque je les ferai par lui, il les fera auffi, quoique ce ne foit pas par lui-même. Or qu'il faffe de plus grands miracles par ceux qui croient en lui, que fans eux, ce n'eft pas en lui un défaut de puiffance, mais une bonté pour eux ; car que rendront les ferviteurs au Seigneur pour tous les biens dont il les a comblés ? puifqu'à toutes les autres faveurs il a bien voulu ajouter celle de faire de plus grands miracles par eux que fans eux. Et vous Seigneur, &c.

℟. Son corps après fa mort a fait voir qu'il étoit un vrai prophête. Il * a fait des prodiges pendant fa vie, & des miracles après fa mort. ℣. Le Diacre confervant le myftère de la foi avec une confcience pure. * A fait, &c. *Eccléfiaftique.* 48. *Timothée.* 3.

Leçon Neuvieme.

Lecture du Saint Evangile felon S. Luc. *ch.* 15.

EN ce tems là : Comme les Publicains & les pécheurs s'approchoient de Jefus pour entendre fa parole, les Pharifiens & les Scribes en murmuroient : Quoi ! cet homme, difoient-ils, reçoit les pécheurs, & mange avec eux. Et le refte.

HOMÉLIE DE S. GRÉGOIRE PAPE.
Homel. 34. *sur les Evangiles.*

IL faut examiner, mes frères, pourquoi Jesus-Christ nous dit que la conversion d'un pécheur cause plus de joie dans le Ciel, que la persévérance des justes. Pourquoi cela en effet ? si ce n'est que l'expérience journalière nous apprend que la plupart de ceux qui ne se sentent pas coupables de grands péchés, quoiqu'ils demeurent dans la voie de la justice, & qu'ils s'éloignent du crime, ne soupirent pas néanmoins avec assez d'ardeur vers la céleste patrie. Ils se permettent un usage d'autant plus abondant des choses qui ne sont pas défendues, qu'ils n'en ont pas abusé. Ils sont quelquefois lâches & paresseux dans la pratique du bien, & ils se croient trop en sûreté, parce qu'ils n'ont point commis de crimes. Au contraire il arrive quelquefois que ceux qui se reprochent d'avoir commis des crimes, pénétrés de la vive douleur qu'ils en ressentent, conçoivent un amour de Dieu, & s'exercent à la pratique des plus grandes vertus. Ils se livrent volontiers à tout ce qu'il y a de plus difficile dans le saint combat qu'ils sont obligés de soutenir : ils renoncent aux choses du monde, fuient les honneurs, se réjouissent des affronts qu'ils reçoivent. La vivacité de leurs désirs les fait soupirer ardemment après la céleste patrie ; & parce qu'ils ont continuellement devant les yeux combien ils se sont éloignés de Dieu, ils tâchent de réparer par de nouveaux gains les grandes pertes qu'ils ont faites. Il y a donc plus de joie dans le Ciel pour la conversion d'un pécheur, que pour la persévérance d'un juste ; parce qu'un capitaine, par exemple, a plus d'affection pour un soldat qui après avoir pris la fuite revient au combat avec plus de courage, & livre de plus rudes attaques à l'ennemi, que celui qui n'ayant

jamais fui, n'a auffi jamais donné de marques
d'un grand cœur. Ainfi le laboureur aime-t-il da-.
vantage une terre qui après n'avoir donné que
des épines produit des fruits en abondance, que
celle qui n'ayant jamais porté d'épines, ne fournit non plus qu'une médiocre moiffon. Et vous
Seigneur ayez pitié de nous. ℞. Rendons graces
à Dieu.

   *S'il arrive que cette fête fe trouve en ce Diman-
che avec celle de S. Jean-Baptifte , ou des Apôtres S. Pierre & S. Paul , on l'anticipera au Samedi précédent , & alors au lieu de l'Homélie ci-
deffus , on dira la Leçon fuivante.*

DE L'HOMÉLIE DE S. GRÉGOIRE PAPE
fur le Prophête Ezéchiel. *Homelie.* 15.

NOus lifons les miracles , & nous entendons
le récit des vertus & des bonnes œuvres des
Peres qui nous ont précédés. Leurs miracles font
donc des preuves de la vérité de tout ce qu'ils
ont dit de Dieu ; parce qu'ils ne feroient pas de
telles œuvres par fa puiffance , s'ils n'avoient pas
enfeigné la vérité ; & leurs bonnes œuvres nous
font voir quelle a été leur piété , leur humilité ,
leur douceur. Si donc nous fommes tentés contre
la foi que nous avons reçue par leurs inftructions,
jettons les yeux fur les miracles qui ont appuyé
leurs paroles , & nous ferons affermis dans la foi
qu'ils nous ont enfeignée. Comment donc devons-
nous regarder leurs miracles ? finon comme nos
forterefles , parce qu'ils peuvent bien nous munir
& nous fortifier ; mais nous ne les avons pas
dans nos mains , & ils ne font pas en notre puiffance , parce que nous ne fommes pas capables de
faire rien de femblable. Mais ce qui eft comme
un bouclier que nous pouvons porter à la main
pour nous défendre , ce font les vertus de la patience & de la douceur qu'ils ont pratiquées; parce
qu'il eft au pouvoir de notre libre - arbitre pré-

venu de la grace de Dieu de les pratiquer aussi
à leur exemple, & nous garantir par-là des dangers de l'adversité. Et vous Seigneur, &c.

℞. Les hommes se sont soulevés contre le Pontife, & une faction furieuse est venue fondre sur
lui par un mouvement d'envie. * Le Seigneur
notre Dieu les vit, & ce dessein ne lui plut pas; †
Il augmenta encore sa gloire, & lui donna son hé-
ritage. ℣. Ils l'entraînérent au Concile, & ils
produisirent contre lui de faux témoins, qui disoient : Cet homme-là ne cesse de proférer des
paroles de blasphême contre le lieu saint, & contre la loi. * Le Seigneur, &c. Gloire au Pere,
&c. † Il augmenta, &c. *Ecclésiastique* 45. *Actes.* 6.

Nous vous adorons Dieu, &c.

℣. *Sacerd.* Que toutes vos œuvres vous louent,
Seigneur ; ℞. Et que vos Saints vous bénissent.
Ps. 144.

A LAUDES.

Pseaumes du Dimanche.

Ant. Louons ces hommes pleins de gloire, qui
sont nos peres : le Seigneur a signalé dans eux sa
gloire & sa grande puissance. *Ecclésiastique.* 44.

Ant. Le bien-aimé du Seigneur a invoqué le
Seigneur tout-puissant, en lui offrant l'agneau
sans tache, & le Seigneur a fait entendre sa voix
du haut du Ciel. *Ibid. ch.* 46.

Ant. Il s'est élevé ensuite un Prophète glorieux par ses miracles ; & qui peut se glorifier
comme vous, vous qui avez été destiné pour
adoucir la colére du Seigneur ? *Ibid.* 48.

CANTIQUE. *Job.* 5

J'Adresserai mes priéres au Seigneur : & je par-
lerai avec connoissance à Dieu,

Qui fait des choses grandes & impénétrables : des
choses miraculeuses, & qui sont sans nombre ;

Qui éléve ceux qui étoient abaissés ; qui con-
sole & guérit ceux qui étoient dans les larmes.

Qui diffipe les penfées des méchans , & les
empêche d'achever ce qu'ils avoient commencé.

Qui trompe les fages par leur propre fageffe :
& qui renverfe les deffeins des injuftes.

Au milieu du jour ils trouveront les ténébres :
ils marcheront à tâtons en plein midi , comme
s'ils étoient dans une profonde nuit.

Mais Dieu fauvera le pauvre des traits de leur
langue : il le fauvera de la violence des injuftes.

Le pauvre ne fera point trompé dans fon efpérance : & l'iniquité demeurera muette.

Heureux l'homme que Dieu corrige lui-même :
ne rejettez donc point le châtiment du Seigneur.

Car s'il fait du mal , il donne le reméde ; & fi
fa main vous bleffe , fa main vous guérit.

Gloire au Pere & au Fils , &c.

Ant. Bienheureux font ceux qui vous ont vu ,
& qui ont été honorés de votre amitié. *Eccléfiaftique.* 48.

Ant. Moi Jean votre frère , j'ai eu part à l'affliction , au regne & à la patience de J. C. à caufe
de la parole de Dieu , & pour avoir rendu témoignage à Jefus. *Apocalypfe.* 1.

CAPITULE. *Apoc.* 12.

C'Eft maintenant qu'eft établi le falut & la
force , & le regne de notre Dieu , & la puiffance de fon Chrift ; parce que l'accufateur de
nos frères , qui les accufoit jour & nuit devant
Dieu , a été précipité , & qu'ils l'ont vaincu
par le fang de l'Agneau & par la parole à laquelle ils ont rendu témoignage.

HYMNE.

O Vous qu'un même efprit a conduit lorfque vous étiez fur la terre ; qu'un même
bonheur réunit à préfent dans le ciel , & qui par-
ticipez enfemble à la gloire d'une même œuvre ;

Il est juste & convenable que nous chantions aussi votre triomphe par un seul & même cantique.

L'épouse de Jésus-Christ opprimée par la violence des nouvelles attaques qui lui ont été livrées, se relève avec joie sous la protection de son époux. Ce divin Agneau en marchant à votre tête, vous choisit pour vous associer à ses combats & à sa couronne.

Vous le suivez le premier dans ses victoires, ô Bienheureux Gerard, vous qui n'êtes monté à l'autel que par la vocation divine ; la grande foi qui vous animoit sur la terre vous a fait faire de grandes choses ; & c'est par cette foi que vous tenez encore après votre mort un langage si éloquent.

Et vous, Bienheureux François, quelle gloire ne retirez-vous pas de tant d'actions mémorables ? Vous avez voulu être crucifié avec Jésus-Christ par la mortification de votre corps ; aujourd'hui Jésus-Christ vous fait partager avec lui la gloire du tombeau.

C'est ainsi que cette vertu éclatante cachée pendant si long-tems, est maintenant connue de toute la terre. La foi rejettée en reçoit un plus glorieux témoignage ; & les choses saintes prophanées jusques alors sont traitées avec plus de respect.

Car après avoir subi volontairement, tout innocent que vous étiez, la loi des coupables pour vous rendre avec Jésus-Christ une victime, (& un modéle de la vraie pénitence ;) vos miracles font encore retentir par tout cette voix puissante, par laquelle vous nous criez (comme autrefois le Diacre:) Profanes, retirez-vous; les choses saintes sont pour les saints.

Et vous, saint vieillard, vous n'êtes pas moins digne de toutes nos louanges ; les siécles les plus reculés vous honoreront comme un maître & un témoin de la foi, ayant toujours enseigné la vérité, & souffert les liens pour l'amour de la vérité.

Doué d'une sainte & noble éloquence, vous annonciez des paroles de salut hors de toute atteinte ; cependant on vous lie la langue ; mais ces paroles toutes divines qui ne peuvent être liées, sont portées dans tous les coins de la terre par vos écrits & par vos miracles.

Puisque vous avez bien voulu, Seigneur, nous donner de si puissans protecteurs, donnez-nous dans votre miséricorde la grace de les imiter ; que votre peuple instruit par de tels maîtres conserve toujours la foi, & jouisse un jour avec eux du bonheur éternel.

Gloire au Pere le principe de toutes choses ; gloire au Fils le chef des saints ; qu'une gloire égale vous soit aussi rendue, Esprit Saint, qui donnez à leurs précieuses reliques la vertu de chasser les maladies. Amen.

℣. Que vos amis, ô Dieu, me sont chers & précieux ! ℟. Qu'ils me paroissent élevés en puissance & en honneur ! *Ps.* 138.

A Benedictus.

Ant. Ils ont confirmé parmi nous l'Evangile du salut, Dieu appuyant leur témoignage par les miracles, par les prodiges, par les différens effets de sa puissance, & par les graces du Saint-Esprit qu'il a partagées comme il lui a plu. *Epître aux Hébreux.* 2.

ORAISON.

GRand Dieu, qui avez fait entendre votre voix avec magnificence en opérant des miracles par votre Verbe caché (au S. Sacrement,) & ses ministres Jean Evêque, Gerard Prêtre, & François Diacre ; faites que toujours attentifs à cette voix par laquelle vous nous parlez du ciel, nous puissions professer hardiment la foi qu'ils ont enseignée, & marcher fidèlement sur leurs traces. Par le même Jefus-Chrift Notre Seigneur , &c.

Pour la mémoire du Dimanche.

Ant. La femme qui vient à perdre une dragme , cherche avec foin ; & après l'avoir trouvée , elle affemble fes amies , & leur dit : Réjouiffez vous avec moi , parce que j'ai trouvé la dragme que j'avois perdue. *S. Luc.* 15.

℣. Dès le matin je me prefenterai devant vous , Seigneur , & j'étudierai votre conduite fur moi ; ℟. Car vous n'êtes point un Dieu qui aimiez l'iniquité. *Pf.* 5.

O R A I S O N.

O Dieu , qui êtes le protecteur de ceux qui efpérent en vous : fans lequel il n'y a dans l'homme ni force ni fainteté ; répandez fur nous de plus en plus les effets de votre miféricorde , afin que vous ayant pour conducteur & pour guide , nous paffions de telle forte par les biens temporels & périffables , que nous ne perdions pas les éternels. Par N. S. J. C. &c.

A U X   H E U R E S

La Doxologie comme au jour de la fête ; Pfeaumes du Dimanche.

A   P R I M E.

Ant. Louons ces hommes , &c. Le refte comme à Laudes..

C A N O N.

Du Livre vingt-deuxième de la Cité de Dieu de S. Auguftin Evêque. *ch.* 8.

I L fe fait encore maintenant beaucoup de miracles , Dieu les opérant par qui il lui plaît , & en la maniere qu'il lui plaît , comme il a fait ceux que nous avons lus ; mais ils ne font pas

tous également connus, & on n'a pas foin de
les graver dans la mémoire par de fréquentes le-
ctures de façon qu'on ne les oublie pas. Car dans
les endroits même où on a l'attention de lire en
préfence du peuple les rélations de ceux qui ont
été guéris, comme nous avons commencé de le
faire, plufieurs font abfens ; ceux qui font pré-
fens ne les entendent que cette feule fois, en-
forte qu'ils ne fe fouviennent plus au bout de
quelques jours de ce qu'ils ont entendu ; & à peine en trouvera-t-on un qui le raconte à ceux qu'il
fçait n'avoir pas affifté à la lecture qui en a été
faite. Et vous Seigneur, &c.

A TIERCE.

Ant. Le Bien-aimé, &c.

CAPITULE. I. *Paralip.* 17.

OUi, Seigneur, c'eft pour l'amour de votre
ferviteur que felon vos deffeins vous en
avez ufé envers lui d'une maniere fi magnifique ;
& que vous avez voulu faire connoître toutes
fes grandes merveilles. Seigneur, nul n'eft femblable à vous, & il n'y a point d'autre Dieu que
vous entre tous ceux dont nous avons entendu
parler.

℞. *bref.* Entre les Dieux des Nations, il n'y
en a point qui vous reffemble, Seigneur, ni qui
opére les merveilles que vous faites. * Alleluia,
alleluia. Entre les Dieux des Nations, &c. ℣. Il
n'y a point d'autre Dieu que vous * Alleluia, &c.
Gloire au Pere, &c. Entre les Dieux, &c. *Pf.* 85.

℣. Sçachez que le Seigneur a fait des chofes
merveilleufes en faveur de fon Saint : ℞. Offrez
au Seigneur des facrifices de juftice. *Pf.* 4.

ORAISON.

ORAISON.

O Dieu qui pour faire connoître à tous votre
vérité dans ces jours de ténébres, avez d'a-
bord honoré de la gloire des miracles le bienheureux Prêtre Gérard ; faites , s'il vous plaît ,
qu'à son imitation , & par ses priéres nous nous
offrions nous-mêmes à la vérité éternelle comme
des hosties vivantes & qui vous soient agréables ;
par le même J. C. notre Seigneur , qui étant
Dieu , &c.

A LA PROCESSION.

℞. Je vis ceux qui étoient demeurés victorieux
de la bête & de son image, qui étoient sur une
mer transparente comme du verre , & qui avoient
des harpes de Dieu , & * Ils chantoient le cantique de Moïse serviteur de Dieu , & le cantique
de l'Agneau, en disant : † Vos œuvres sont grandes & admirables, ô Seigneur Dieu tout-puissant ; vos voies sont justes & véritables, ô Roi
des siécles. ℣. Alors ces trois hommes louoient
Dieu , & le glorifioient , & le bénissoient d'une
même bouche. * Ils chantoient , &c. Gloire au
Pere, &c. † Vos œuvres, &c. *Apocal.* 15. *Daniel, 3.*

℣. Esprits & ames des justes bénissez le Seigneur: ℞. Louez-le , & faites connoître sa grandeur souveraine à tous les siécles. *Daniel. 3.*

ORAISON.

O Dieu qui avez rendu victorieux de la bête & de son image vos trois serviteurs Jean
Evêque , Gérard Prêtre , & François Diacre ; &
qui leur faites chanter à la louange de vos merveilles le cantique de Moïse & de l'Agneau : donnez-nous dans ce moment où nous allons immoler
& manger ce même Agneau tout-puissant , les sentimens affectueux d'une sincére & véritable dévo-

F

tion, afin que nous honorions dignement votre saint nom par nos cantiques, & que nous, louions tous enfemble avec piété & de tout notre cœur votre main victorieufe ; par le même J. C. notre Seigneur. ℟. Amen.

A LA MESSE.

INTROÏT.

CHantons à la gloire du Seigneur, parce qu'il a fignalé fa gloire & fa puiffance : le Seigneur a paru comme un guerrier; fon nom eft le tout-puiffant. Votre droite, Seigneur, a fait éclater fa force : votre puiffance a terraffé ceux qui ofoient s'élever contre vous. *Exod.* 15.

Pf. Que Dieu, fe leve, & que fes ennemis foient diffipés: que ceux qui le haïffent fuient loin de lui. *Pf.* 67. Gloire au Pere, &c. Chantons ; &c.

ORAISON.

O Dieu qui par les miracles de votre Fils unique caché dans l'Euchariftie, & de fes Miniftres Jean Evêque, Gérard Prêtre, & François Diacre, avez terraffé avec une force admirable ceux qui troublent l'Eglife : faites que demeurant toujours inviolablement attachés à cette même Eglife, qui eft la colomne & la bafe de la vérité, nous difcernions avec prudence, & nous rejettions avec force tout ce qu'on pourroit nous propofer fous fon nom de contraire à fa doctrine & à fon efprit. Nous vous en prions par le même J. C. notre Seigneur qui étant Dieu vit & regne avec vous en l'unité du S. Efprit dans tous les fiécles des fiécles. ℟. Amen.

EPITRE.

Lecture des Actes des Apôtres *ch.* 5.

EN ces jours-là : Les Apôtres faifoient beaucoup de miracles & de prodiges parmi le peuple ; & tous les fidéles étant unis dans un même

efprit , s'affemblérent dans le portique de Salomon , & nul des autres n'ofoit fe joindre à
eux; mais le peuple leur donnoit de grandes louanges. Or le nombre de ceux qui croyoient au
Seigneur, tant hommes que femmes; fe multiplioit de plus en plus. De forte que le peuple ap-
portoit des malades dans les rues , & les mettoit
dans de petits lits & fur des paillaffes; afin que
quand Pierre arriveroit , fon ombre du moins
pafsât fur quelqu'un d'eux , & qu'ils fuffent guéris de leurs maladies. Il accouroit auffi à Jérufalem un grand nombre de perfonnes des villes voi-
fines, menant avec eux des malades & des gens
qui étoient tourmentés par des efprits impurs; &
ils étoient tous guéris. Alors le Grand-Prêtre ,
& tous ceux qui l'accompagnoient (c'étoit des
gens de la fecte des Sadducéens) furent tranfportés de colére ; & ayant fait prendre les Apôtres ,
ils les mirent dans la prifon publique.

GRADUEL.

SEigneur , quelle puiffance eft femblable à la
vôtre? Qui peut-on vous comparer? Vous faites paroître votre fainteté avec éclat ; vous méri-
tez d'être loué avec une crainte religieufe : vos
œuvres font autant de merveilles. ℣. Il s'eft fou-
venu de fon alliance & de la parole dont il a
ordonné l'exécution , en difant : Gardez-vous
bien de toucher à ceux qui me font confacrés,
& de maltraiter mes Prophètes. *Exod.* 15. *Pf.* 104.
Alleluia , alleluia. ℣. Ils ont été témoins des
œuvres du Seigneur, & des chofes étonnantes qu'il
a faites. Ils en ont été comblés de joie ; & il
les a conduit dans le port qu'ils fouhaitoient.
Alleluia. *Pf.* 106.

La prose du jour du miracle.

Suite du saint Evangile selon S. Jean. *ch.* 14.

EN ce tems-là ; Jesus dit à ses Disciples : Ce que je vous dis, je ne vous le dis pas de moi-même ; mais c'est mon Pere qui demeure en moi, qui fait lui-même les œuvres que je fais. Ne croyez-vous pas que je suis dans mon Pere, & mon Pere dans moi ? Croyez-le au moins à cause des œuvres que je fais. En vérité, en vérité je vous le dis : Celui qui croit en moi, fera les œu-vres que je fais, & en fera encore de plus gran-des, parce que je m'en vais à mon Pere. Et quoi que vous demandiez à mon Pere en mon nom, je le ferai ; afin que le Pere soit glorifié dans le Fils. Si vous demandez quelque chose en mon nom, je le ferai.

Je crois en un seul Dieu, &c.

OFFERTOIRE.

SEigneur, déployez votre puissance : affermissez ce que vous avez fait en notre faveur de vo-tre temple saint. Les Rois vous offriront des pré-sens. Dieu est admirable dans ses Saints ; le Dieu d'Israël donne lui-même la force & le courage à son peuple ; que Dieu soit béni. *Ps.* 67.

SECRETTE.

REcevez, Seigneur, les actions de graces de votre Eglise, & les offrandes qu'elle vous fait dans la joie dont elle est pénétrée, de ce que vous avez abondamment rempli ses désirs, en opérant d'abord un miracle éclatant de guérison à l'entrée de ce (ou de votre) saint temple par J. C. caché au S. Sacrement ; & ensuite un grand nombre d'autres par vos serviteurs Jean, Gérard & François ; espérant aussi d'être aidée de leurs priéres ; puisqu'ils l'ont si sensiblement consolée par leurs bonnes œuvres pendant leur vie, & par leurs miracles aprés leur mort. Par le même Jesus-Chrift notre Seigneur qui, &c.

Préface du jour du miracle.

COMMUNION.

VOus qui vous êtes fignalés parmi les enfans d'Ifraël, en expofant volontairement votre vie au péril, béniffez le Seigneur. Le Seigneur a choifi de nouveaux combats, & il a renverfé lui-même les portes de nos ennemis; c'eft le Seigneur qui a combattu dans les vaillans hommes. *Jugès.* 5.

POST-COMMUNION.

REvêtez-nous de votre force, Seigneur Jefus, qui paffant à travers la nuée qui vous couvre, êtes forti en vainqueur pour remporter des victoires à la tête des forts d'Ifraël, Jean Evêque, Gérard Prêtre, & François Diacre; & faites que nous fortions avec eux de cette table célefte couverts du bouclier de la vérité qui eft vous-même; tout brûlants de votre feu, vous qui êtes la charité même; & redoutables à nos ennemis par l'épée foudroyante de votre parole; Vous qui étant Dieu, &c.

A SEXTE.

Ant. Il s'eft élevé enfuite, &c.

CAPITULE. *Néhémie.* 1.

JE m'affis; je pleurai, & je demeurai tout trifte pendant long-tems; je jeûnai, & je priai en la préfence du Dieu du Ciel, & je lui dis : Seigneur ayez, je vous prie, l'oreille attentive, & les yeux ouverts pour écouter la priére de votre ferviteur que je vous offre maintenant pendant le jour & pendant la nuit pour les enfans d'Ifraël vos ferviteurs; je vous confeffe les péchés des enfans d'Ifraël.

F iij

℟. *Bref.* J'ai élevé ma voix vers le Seigneur. *
Alleluia, alleluia. J'ai élevé, &c. ℣. J'ai élevé
ma voix vers mon Dieu, & il a daigné prêter l'o-
reille à mes cris. * Alleluia. Gloire au Pere, &c.
J'ai élevé, &c.

℣. Qu'ils publient les miséricordes du Seigneur;
℟. Et qu'ils racontent ses merveilles aux enfans
des hommes. *Pf.* 76. & 106.

ORAISON.

O Dieu, qui fléchi par les larmes du bienheureux Diacre François de Pâris, avez secouru votre Eglise dans son pressant besoin par
un nombre presque infini de miracles ; faites qu'é-
tant les imitateurs de sa charité ardente, & de
son austére pénitence, nous méritions d'être comme lui crucifiés avec la vérité humiliée sur la
terre, & associés à cette même vérité triomphante dans le Ciel. Nous vous en prions par le même
Jesus-Christ notre Seigneur qui, &c.

A NONE.

Ant. Moi Jean. &c.

CAPITULE. *Philipp.* 1.

JE souhaite que vous sçachiez, mes fréres, que
ce qui m'est arrivé a beaucoup servi au progrés
de l'Evangile, ensorte que mes chaînes sont de-
venues célébres dans toute la Cour de l'Empereur,
& dans tous les autres lieux pour la gloire de Jesus-Christ ; & que plusieurs de nos frères en notre Seigneur rassurés par mes liens, ont eu plus
de hardiesse pour annoncer sans crainte la parole
de Dieu.

℟. *Bref.* Seigneur, les cieux annonceront vos
merveilles: * Alleluia, alleluia. Seigneur, &c.
℣. Et votre vérité dans l'assemblée des Saints. *
Alleluia, &c. Gloire, &c. Seigneur, &c.

℣. Souvenez-vous , Seigneur , de l'opprobre de vos ferviteurs : ℟. Car vos ennemis , Seigneur , infultent votre peuple. *Pf.* 88.

O R A I S O N.

O Dieu , qui avez fait la grace au bienheureux Jean Evêque de fouffrir pour l'Evangile jufqu'à être dans les chaînes ; faites , s'il vous plaît , qu'étant fortifiés par fes miracles , & par l'excellent témoignage qu'il a rendu en confeffant la foi, nous fouffrions tout pour l'amour de votre parole qui ne peut être liée : Nous vous en prions par le même Jefus-Chrift notre Seigneur, qui étant Dieu , &c.

A U X II. V E S P R E S.

Pf. 109 *Dimanche à Vêpres.*

Ant. Jefus-Chrift étoit hier, il eft aujourd'hui & il fera le même dans tous les fiécles ; ne vous laifsez point emporter à une diverfité d'opinions & à des doctrines étrangéres. *Hébr.* 13.

Pf. 110 *Dimanche à Vêpres.*

Ant. Allez ; racontez-ce que vous avez entendu , & ce que vous avez vu ; les aveugles voient , les boiteux marchent, les fourds entendent ; & heureux eft celui qui n'en prendra point un fujet de fcandale. *Matth.* 11.

Pf. 134 *Lundi à Laudes.*

Ant. Or nous fçavons que Dieu n'exauce point les méchans ; mais fi quelqu'un l'honore & fait fa volonté, c'eft celui-là qu'il exauce. *Jean.* 9.

Pf. 138 *avec fes divifions , Vendredi à Vêpres.*

Ant. Quelques-uns dirent : Cet homme n'eft pas de Dieu, puifqu'il ne garde pas le Sabbat (a). Mais d'autres difoient : Comment un méchant hom-

---

[a] Il n'accompliffoit pas le précepte de l'Eglife fur la Communion Pafchale.

F iv

me pourroit-il faire de tels prodiges ? Et il y avoit
sur cela de la division entre eux. *Jean. 9.*

Pf. 145 *Vendredi à Laudes.*

Ant. Quelques-uns néanmoins , même des
principaux , crurent ; mais à cause des Pharisiens ,
ils n'osoient le faire connoître , de crainte d'ê-
tre chassés de la Synagogue ; (a) car ils ont plus
aimé la gloire des hommes que la gloire de Dieu.
Jean. 12.

CAPITULE. *Galat.* 1.

JE m'étonne qu'abandonnant celui qui vous a
appellés à la grace de Jesus-Christ , vous vous
laissiez sitôt entraîner à un autre Evangile. Ce
n'est pas qu'il y en ait d'autre ; mais c'est qu'il
y a des gens qui vous troublent , & qui veulent
renverser l'Evangile de Jesus-Christ ; mais quand
un Ange du Ciel vous annonceroit un Evangile
différent de celui que nous vous avons annoncé ,
qu'il soit anathême.

HYMNE.

VEnez , Docteurs infidéles ; renoncez enfin
à ces faux dogmes qu'une déplorable témé-
rité vous fait répandre par-tout : n'ayez point
honte d'imiter le peuple dans sa foi, & de marcher après lui à la faveur d'une si éclatante
lumiére.

Quoi ! pendant que les aveugles recouvrent la
vue, que des membres morts & desséchés reçoivent une nouvelle vigueur , vos esprits, hélas !
sont encore dans les ténébres , & vos cœurs n'ont
rien perdu de leur cruelle & barbare dureté ?

Pourquoi attaquer encore par des paroles de
blasphême ceux que Dieu met si visiblement au
nombre des Saints ? Ah plutôt , jaloux imitateurs
de leurs vertus , marchez à grands pas dans le chemin qu'ils ont tracé.

(a) De peur d'être excommuniés, privés des Sacremens &
de la sépulture chrétienne.

Que des larmes amères expient les scandales auxquels votre égarement vous a poussés avec tant de fureur : que votre voix d'accord avec votre esprit publie la doctrine qui est si bien appuyée par les miracles.

Mais un tel changement ne peut être l'effet des graces extérieures ; elles seront toujours inutiles, si la grace intérieure n'amollit le cœur. Dieu tout-puissant, donnez-leur vous-même des cœurs, & aussitôt ils cesseront de vous résister.

Puisque vous nous parlez du haut du Ciel d'une manière si merveilleuse, faites aussi que nous fassions remonter nos louanges jusqu'aux Cieux. Ne permettez pas que nous oubliions jamais ce que vous nous dites par ce langage divin de votre toute-puissance.

Un peuple frappé du bruit de la foudre que vous lui avez fait entendre, mérita autrefois d'être puni pour avoir refusé dans sa frayeur de vous écouter ; par où donc pourra éviter votre colère, celui qui aujourd'hui refuse de vous croire sur le témoignage de tant de miracles ?

Pour que notre partage ne soit pas avec les timides & les menteurs dans ces prisons infernales brûlantes de feu & de soufre, donnez-nous un courage inébranlable ; & que la foi victorieuse nous mette en état de tout souffrir.

Gloire infinie au Pere ; gloire infinie au Fils, qui étant tout ensemble & un juge équitable, & un guide tout-puissant, nous montre, en glorifiant ses Saints, la voie par laquelle nous devons marcher ; qu'une gloire pareille vous soit aussi rendue, ô Esprit-Saint. Amen.

℣. Souvenez-vous des merveilles du Seigneur ; ℟. Des prodiges qu'il a faits, & des jugemens que sa bouche a prononcés. *Pf.* 104.

A Magnificat.

Ant. Vous vous êtes approchés de Dieu qui est le juge de tous ; des esprits des justes qui

font dans la gloire; de Jefus qui eft le médiateur de la nouvelle Alliance ; ... prenez garde
de ne pas méprifer celui qui vous parle : car fi
ceux qui ont méprifé celui qui leur parloit fur
la terre , n'ont pu échapper , nous le pourrons
bien moins nous autres, fi nous rejettons celui
qui nous parle du Ciel. *Hebreux.* 12.

L'Oraifon à Laudes.
Pour la Mémoire du Dimanche.

Ant. Je voûs dis qu'il y aura une grande joie
parmi les Anges de Dieu, lorfqu'un feul pécheur
fera pénitence. *S. Luc.* 15.

℣. Nous ne cefferons de nous glorifier en
Dieu : ℟. Nous rendrons à votre Nom d'éternel-
les actions de graces. *Pf.* 43.

L'Oraifon à Laudes.

A COMPLIES.

Pf. du Dimanche.

Ant. Le Seigneur alloit devant pour montrer
le chemin en une colomne de nuée ; & cette nuée
étoit obfcure d'une part , & éclairoit de l'autre.
Exod. 13 & 14.

A Nunc dimittis.

Ant. Vos Saints, Seigneur, étoient éclairés
d'une grande lumiére : pour ce qui eft des autres,
ils étoient certainement dignes d'être privés de lumiére , & de fouffrir une prifon de ténébres , eux
qui tenoient renfermés vos enfans , par qui la lumiére incorruptible de votre loi commençoit à fe
répandre dans le monde. *Sageffe.* 18.

HYMNES LATINES

*Pour être chantées à la Procession le Dimanche
dans l'Octave du S. Sacrement.*

HYMNE PREMIERE.

JESU, quem modici panis imagine
Velatum colimus, verè Hominem-Deum :
Proh ! quàm magnificis perpetuam patrum
    Firmas prodigiis fidem !
FRENOS impietas non docilis pati
Nos jactare fremat Numen inutile :
Numen non dubium quàm bene te probas ,
    Rupto, Christe, silentio !
DUDUM profluvio femina sanguinis
Languebat, miserâ præmoriens lue :
Jam nec vis oculis ulla, nec aridis
    Restabat genibus vigor.
  ARTES nil medicæ proficiunt : malum
Crudescit. *Sed enim figere si datur
Cœlestis Medici passibus oscula ,
    Est , est certa salus ,* ait.
NEC spe firma fides decipitur suâ.
Dum Christus celebri fertur ovans die ,
Adrepit mulier : *Tu mihi nunc potes
    Tabem sistere luridam.
TE , qui vivus ades , te veneror Deum.
Da noxis veniam.* Nec mora : desides
Vis arcana pedes erigit ; & novus
    Membris insinuat calor.
  SIC nempe illa pari saucia vulnere ,
Ut furtim tremulâ , ponè sequens , manu
Vitalem potuit tangere fimbriam ,
    Est experta Deum statim.
  HEU ! nos fœda magis mille premunt mala.
Tu desiderium da Medici. Fides
Nos sanare potest vivida ; tu fidem ,
    Jesu , cordibus insere.

Sit laus summa Patri ; summaque Filio ,
Qui vel nube latens non penetrabili ,
Victricem populis promit adhuc manum :
Sacro laus quoque Flamini. Amen.

HYMNE SECONDE.

STUPENTE spectantum choro ,
Vix ipsa sat compos suî ,
Christi triumpho fit comes ,
Christi triumphus femina.

Non ille , non adhuc tamen
Stetit repercussus fluor :
Sed ipsa doni gratiam
Injecta commendat mora.

Adaucta successu fides ,
Faustoque læta pignore ,
Secura voti , præcipit
Plenæ salutis gaudium.

Tunc irretorta Corpori
Figens verendo lumina ,
Sanabor , exclamat , *tuæ*
Si limen attingam domûs.

O incruentæ non satis
Miranda virtus Hostiæ !
Sacras reformidans fores ,
Repentè morbus aufugit.

Sic nostra , Christe , sic velis
Purgare labe pectora :
Castos tremendum sic doce
Intrare sanctuarium.

Perenne sit Patri decus :
Decus perenne Filio :
Qui cordium sordes lavas ,
Par sit tibi laus , Spiritus. Amen.

HYMNE TROISIEME.

NUNC , ô Sionis quotquot amor tenet ,
Quotquot superni tangit honos Patris ,
Christi triumphantis recentes

Tempus erat celebrare palmas.

FŒCUNDA quondam prodigiis manus,
Ceſſare lapſu neſcia temporum,
    Antiqua nunc geſtit ſalubri
        Conſilio renovare ſigna.

SIC ille Sponſam, ſanguine quam ſuo
Quæſivit emptor, lætificat bonus:
    Sic ille nutu ſternit ipſo
        Attonitos metuendus hoſtes.

INVITAT imò blandus, & allicit.
Vos, ô rebellis quos malè devios
    Abduxit error, ſub priores
        Grex remea miſerande caulas.

NAM quid moratur ? Grandia Civitas
Portenta teſtis prædicat : hæc quoque
    Spectâtis ipſi. Cur negare
        Nec licet, & pudor eſt fateri ?

NUNC ergo, Paſtor quò vocat, ocyus
Ad tuta læti pergite paſcua.
    Ah! fulgurantes Veritatis
        Ne radios oculi repellant.

QUIN ipſe tandem, Chriſte, potentibus
Ad te volentes illecebris trahe.
    Abſolve clemens inchoatum
        Prodigio potiore munus.

AT nos, avitæ queis fidei datum
Hærere, felix forte genus ſuâ,
    Accendat in Jeſum latentem
        Relligio pietaſque major.

SIT ſumma Patri, ſummaque Filio;
Sit ſancte compar laus tibi, Spiritus,
    Quo dura miteſcunt, novaſque
        Concipiunt pia corda flammas. Amen.

C. COFFIN, *antiquus Univerſitatis
Rector, Collegii Dormano-Bellovaci
Gymnaſiarcha.*

TABLE
DES TITRES.

Fin de la Table.